황종찬 박사의 風水家相學

生活風水

太乙出版社

머 / 리 / 말

　이 책은 신문에 연재했던 글들을 모아 한 권의 책으로 엮은 것이다.

　원래 좀 더 깊이 있는 글로 다루려고 하였으나 신문사의 사정과 독자들이 쉽게 접할 수 있도록 지정된 원고를 메워 나가다보니 지나치게 가벼운 글이 된 것이 아닌가 싶다. 이 점 양해하시기 바란다.

　그러나 풍수를 이해하는데 있어서 깊은 학리보다는 가장 쉬운 방위(方位)를 공부해 나가다보면 풍수가 비과학적이 아니라 과학적인 학문인 동시에 가장 알기쉬운 **가정환경학**임을 알 수 있을 것이다.

　원래 이 풍수를 역학(易學)이라고 하고 있으나 그 철학적 의미는 고사하고 쉽게 "**바람과 물**"이라고 생각하면 될 것이다. 이 바람과 물이 우리의 생활에 미치고 있는 영향은 절대적이라 할 수 있을 것이다. 戀愛, 結婚, 健康, 黃金運과 같은 기운은 바로 우리 가까이 있는 풍수에서 온다고 생각하면 될 것이다.

　기운을 알기 위해서는 풍수를 믿어야 하고, 풍수를 믿으면 기운을 알고 보게 되는 것이다. 이 기운은 행운과 불운을 함께 담고 있는 것으로 우리가 거처하는 집의 중심에서 방향, 밝고 어둠,

바람과 물 등에서 나타난다고 보고 있다. 그러므로 이 풍수를 일부에서는 **환경정비학**이라 부르기도 한다.

동양철학이란 사서오경(四書五經) 속에 들어 있는 학문으로 그 내용이 심오하고 난해하다. 그래서 독자들은 풍수라고 말하면 어렵다라는 거부감부터 느낄 것이다.

그러나 방위에서 오는 기(氣), 즉 에너지의 실체를 보게되면 방위가 얼마나 중요한가를 알게될 것이다. 그러한 의미에서 가벼운 마음으로 이 책을 읽어주기를 바란다.

끝으로 독자 자신의 행복을 위해 누구에게나 행운체질(幸運體質)이 되었으면 하는 마음에서 이 졸저를 내어 놓았다.

한마디로 방위는 풍수인 동시에 길흉을 함께 하고 있다고 할 수 있는 것이다.

청량리 홍능에서
저자

차 례

생활과 풍수

금전운과 풍수

건강운과 풍수

사업운과 풍수

취직운과 풍수

애정운과 풍수

공부운과 풍수

생활과 풍수의 환경학

풍수는 東洋思想의 環境學

한마디로 풍수는 눈에 보이지 않는 세계라 할 수 있다. 그러나 바람이 눈에 보이지 않는다고 하여 우리는 없다고 하지 않는 것과 같이 보이지는 않으나 그 존재가치는 인정하는 것과 같다. 그래서 천문학(天文學), 식양생(食養生), 기(氣), 일반상식(一般常識) 등을 겸비했다고 할 수 있다.

실질적으로 고리타분한 학문이 아니고 매력있는 과학적 환경학이라고 말할 수 있다. 일부층 사람들은 풍수를 미신(迷信)이나 점(占)으로 생각하고 있는 이도 있으나 이것은 잘못된 생각이다. 원래 역경(易經; 주역)의 5술 중에 하나로 포함되어 있기는 하지만 환경정비학이라고 보는 것이 더 옳을 것이다.

좀더 간결하고 명확하게 설명을 한다면 인간생활의 지혜를 집대성한 것이라 할 수 있다. 이러한 학문은 오랜 세월을 거쳐오면서 터득한 생활의 체험에서 얻어진 학문이라 할 수 있다.

가령 우리네 하루하루의 생활이 불편하거나 아니면 즐겁다고 하는 것들이 환경에서 오는 것으로 보고 이를 풍수라 이야기하는 것이다.

풍수에서는 음양(陰陽)이라고 하는 단어를 떠올릴 때가 많은데 이것을 잘 융합 시키면 좋은 기를 만들 수 있다. 다시말하면 음이 강해 나쁘다, 양이 강해 나쁘다고해서 다 나쁜 것이 아니고 강한 것은 유하게 만들고 유한 것은 적절하게 강하게 만들어야만 한다는 것이다. 즉, 강하고 약한 것을 잘 조화시켜 현재를 적절하게 유지시키는 것을 의미하는데 강약의 밸런스를 조절하는 학문이 바로 풍수학인 것이다.

이러한 풍수는 도처에 있기 마련이다. 우리가 생활하면서 가장 오랜 시간을 보내는 집을 두고 한번 생각해 보자. 첫째 풍(風)은 온기와 냉기이며, 수(水)는 습기와 건기라 할 수 있다. 이것이 몸에 와 닿을때 좋은 생기와 나쁜 흉기로 나누게 된다.

사람의 활동중에 가장 중요한 것은 감각이나 감정이라 할 수 있는데 이런 것이 모두 집안의 환경에서 생겨난다. 일반적으로 풍수를 설명할 때 "천지의 기" 혹은 "용의 혈" "음양의 화합"이라는 말을 많이 사용하게 되는데 집안의 여러 공간에서 찾아 볼 수 있을 것이다.

여기서 집이란 단독이나 아파트 등 우리가 살고 있는 곳으로 넓은 천지에 떠도는 기가 제일 먼저 대문이나 아니면 현관을 통해 집안으로 들어오게 된다. 그래서 방마다 흩어져 들어가 돌다가 가장 머물기 좋다고 할 수 있는 장소에 머물게 된다. 여기가 만약 소파가 있는 거실이라고 한다면 바로 이곳이 용혈 또는 명당이 되는 것이다.

여기에 머무는 기와 앉는 사람의 기가 어울려 가장 적절하고도 이상적 상태에 이르게 되면 길운(吉運)이 생겨난다고 본다. 또한 나쁘면 흉운(兇運)이라 말한다. 이는 곧 환경에서 만들어진다고 할 수가 있다.

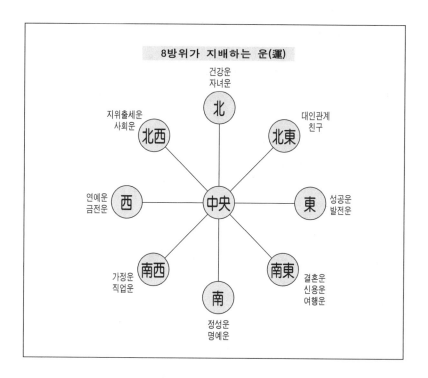

주택의 사정에 따라서 현관이 어둡거나 아니면 창문이 가까이 있어서 밝은 경우도 있다. 여기서 음양의 조절이 이루어져 적절한 기운을 생성시켜야만 하는데 때로는 강하고 때로는 약함으로 인해서 어울리지 않는 기를 만들게 된다.

이런 기를 조절하기 위해 창문에 볕이 많이 들면 커튼을 사용하여 조절하고, 어두우면 전등을 켜서 사람의 기가 가장 적절하게 유지할 수 있도록 하는 학문이 바로 풍수학이며, 달리 표현하면 가정환경정비학이라 할 수 있을 것이다.

한마디로 사람이 가장 안락하고 편하게 살 수 있는 상태로 만들어 주는 기운을 바로 풍수라 말하는 것이다. 그러므로 이 학문을 미신이나 점(占) 정도로 치부해서는 않되고 가장 과학적인 학문으로 받아들여야 한다.

창문을 통해 바라보이는 밖의 전신주나 빌딩의 각종 사기(邪氣)가 창문을 통해 들어 온다고 할 때 이것들을 물건이나 아니면 인테리어 장식 등으로 막거나 없애는 방법을 취해야만 할 것이다.

이것을 가리켜 화살풍수(化殺風水)라 하여 나쁜 기를 죽이거나 돌려 보내는 수단으로 쓰이고 있다. 이렇게 집안이나 밖에서 사람이 살아감에 있어서 가장 편리하고 안락하게 지낼 수 있는 상태 즉 정비된 환경, 이것을 가지고 풍수학이라고 하는 것이다. 그러므로 풍수는 절대 비과학적 학문이라 할 수 없을 것이다.

풍수의 기초, 8방위에 따른 운(運)과 기(氣)

▶동쪽의 방위

① 동쪽의 방위는 해가 솟아 오르는 방위다. 즉 눈부시게 솟아 오르는 아침의 태양과 신선한 기운의 발전운, 일에 대한 운, 젊은 기, 근면 등을 상징한다.

② 하루 중 오전을 의미하는데 5시부터 7시 사이를 두고 말한다. 즉 묘(卯)시라고 할 수가 있다. 1년을 두고 말할 때는 사계중 봄을 말한다. 즉 음력 2월에 해당이 된다.

③ 60간지 띠로 보았을 때는 토끼띠로 정묘, 기묘, 신묘, 계묘, 을묘에 해당이 된다.

④ 사람의 몸인 인체에서는 다리, 목, 간장 등을 지칭한다.

⑤ 가정의 위치를 두고 말할 때는 장남(큰아들)을 의미한다.

⑥ 색은 청색 혹은 남색이다.

⑦ 5행의 성격으로 보았을 땐 목에 해당이 되고 수목 혹은 대나무 등을 의미한다.

⑧ 8괘의 부호로는 진(震)이다.

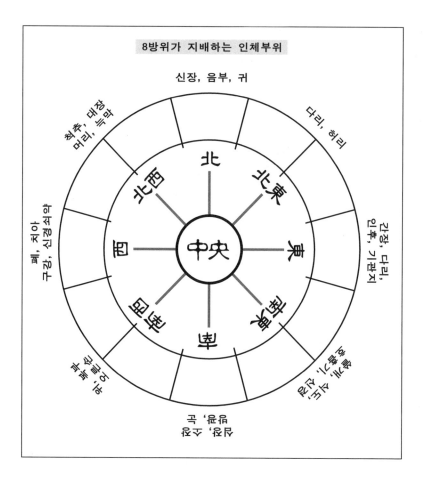

8방위가 지배하는 인체부위

⑨ 자연의 현상은 우뢰소리라 할 수 있다.

⑩ 우뢰라고 하는 소리는 소리가 들릴뿐 실제는 보이지 않는
다. 형상이 없으므로 진동, 경기, 분노 등이지만 현실적으로
는 중심이 없는 것으로 암시가 된다.

▶동남쪽 방위

① 해가 동산에서 올라와 2차로 강하게 햇볕을 발하는 위치에

있게 된다. 결혼운, 연애운, 여행운, 인간관계의 전반운, 신뢰 등을 상징한다.

② 하루 중 오전 7시부터 11시 사이를 두고 말한다. 진(辰)과 사(巳)의 시간이다.

③ 1년을 비유하면 늦은 봄으로부터 초여름의 계절이다. 음력으로 3, 4월에 해당이 된다.

④ 60간지로 보아 용과 뱀이라고 할 수 있는데 용은 무진, 경진, 임진, 갑진, 병진에 해당이 되고 뱀은 기사, 신사, 계사, 을사, 정사 등이다.

⑤ 인체에 있어서는 허벅지, 신부, 장, 모발에 해당이 된다.

⑥ 가정에 있어서는 장남에 속한다.

⑦ 색상은 청, 남색이다.

⑧ 5행의 성격은 목이나 나뭇가지다. 또 잎새가 푸르고 무성한 진녹 양상이다.

⑨ 8괘에 있어서 부호는 손(巽)이다.

⑩ 자연의 현상은 바람이다.

⑪ 바람, 이것은 형태가 보이지 않고 떠돌고 있는 것이므로 멀리 여행을 상징한다. 의지의 불안정, 진퇴에 빠진 상황, 의혹, 결단력 부족, 잠입, 잠복, 욕심이 깊고 엷은 정이 있다고 하는 것을 암시해 준다.

▶남쪽의 방위

① 정오, 즉 가장 해가 중천에 오고 힘을 가장 많이 발산하고 명예와 빛을 발산한다. 직감력, 인기, 예술, 사교운 등을 상징을 한다.

② 하루 중 오전 11시부터 오후 1시, 즉 오(午)시에 속한다.

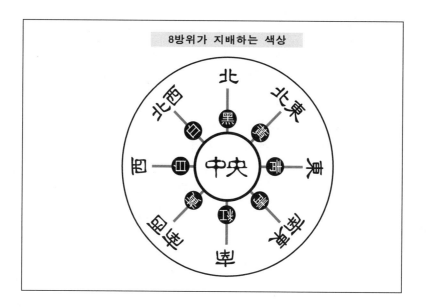

8방위가 지배하는 색상

③ 1년 중 여름, 음력으로는 5월이다. 음력 5월은 우리네 단
  오절이 들어 있다.

④ 인체에 있어서는 눈, 심장, 혈압에 속한다.

⑤ 가정은 여자 자매에 속한다고 할 수 있다. 둘째이며 성숙한
  중년여성에 속한다.

⑥ 색은 붉은 적색

⑦ 오행의 성격은 화(火)

⑧ 8괘의 부호는 이(離)에 해당이 된다.

⑨ 이는 성급, 사악, 후박, 포만 등을 의미하여 낭비 혹은 다툼
  에 휘말릴 우려가 있다.

▶서남쪽의 방위

① 태양이 서천으로 이동해 천천히 하강하여 서산에 떨어질 위

치에 있다. 그래서 고요를 의미하고 가정운, 안정운, 부동산
운, 노력, 아이의 운을 상징한다.

② 하루 중 하오 1시부터 5시까지 미(未)와 신(申) 시각이다.

③ 계절은 한여름에서부터 초가을 사이를 의미한다. 음력 6월
과 7월의 계절을 말한다.

④ 60간지에서 띠는 양이다. 신미, 계미, 정미, 기미와 원숭이
띠에 속하는 임신, 갑신, 병신, 무신, 경신에 해당이 된다.

⑤ 인체에 있어서는 복부, 위, 비장, 근육에 해당된다.

⑥ 가정에서는 어머니, 가정주부 및 노년의 여성을 의미한다.

⑦ 색은 황색.

⑧ 5행의 성격은 토(土)에 해당된다.

⑨ 8괘의 부호는 곤(坤).

⑩ 곤은 지, 즉 땅을 의미하여 만물을 성장시키는 의미를 갖고
있다. 흉한 면에 있어서는 태만, 고집, 편견, 비굴의 일면
같은 것을 볼 수가 있다.

▶서쪽의 방위

① 해가 서산에 침몰하여 황혼을 맞는다. 밖에서 힘들게 일하
다가 하루 일과를 끝내고 귀가하여 가족이 모여 단란한 한
때를 보내게 된다. 또 저녁 식사를 준비하는 때이므로 금
운, 연애운, 즐거움 같은 의미를 간직하고 있다.

② 하루 중 하오 5시부터 7시 사이를 의미하게 된다. 유(酉)시
의 시간이다.

③ 계절은 음력 8월이다.

④ 60간지에서 띠는 계유인 닭띠를 의미한다. 을유, 기유, 신
유, 유(酉)자에 수(水)자를 붙인 술주(酒)가 되므로 즐거운

만찬자리의 분위기가 즐겁다.

⑤ 인체로서는 입, 폐장, 호흡기.

⑥ 가정에서는 여아, 소녀를 의미한다 .

⑦ 색상은 백(흰)색이다.

⑧ 5행의 성격은 금(金)이다.

⑨ 8괘의 부호는 태(兌)이다.

⑩ 태는 자연의 자태라고 할 수가 있는데 호수와 땅을 의미한다. 우울, 상심통, 비굴 등을 상징하고 있다.

▶서북쪽의 방위

① 밤이 깊어져 휴식을 취할 수 있는데, 완료나 완벽을 상징한다.

② 하루 하오 7시부터 11시, 무(戊)의 시간과 해(亥)의 시간이다.

③ 1년 중 늦가을부터 초겨울인 음력 9월과 10월이다.

④ 60간지 중에서 띠는 개띠와 돼지띠이다. 개띠는 갑술, 무술, 경술, 임술이고, 돼지띠는 을해, 정해, 기해, 신해, 계해이다.

⑤ 인체부위는 머리와 뼈.

⑥ 가정에서는 아버지, 가장은 노년의 사람.

⑦ 색은 백색.

⑧ 5행의 성격은 금(金).

⑨ 8괘의 부호는 건(乾).

⑩ 건은 자연계에 있어서 하늘을 표시한다. 하늘은 건강으로 재능이 풍부한 사람을 키운다. 적극적으로 노력하는 것을 상징한다. 사업운, 일운, 재운, 주인운 등이 있다.

▶북쪽의 방위

① 밤, 즉 어둠이다. 그러나 이 어둠이 걷히면 새로운 하루가

온다. 표면을 볼 수 없으나 속에는 비가 숨어있다.

② 하루 중 오후 11시부터 익일 오전1시인 자시의 시간이다.

③ 1년 중 겨울, 음력 11월이다.

④ 60간지의 띠는 쥐띠이다. 갑자, 병자, 무자, 경자, 임자.

⑤ 인체에서 귀(耳), 신장, 생식기관.

⑥ 가정에서는 형제에 속하는 남자, 차남 및 중년 남성.

⑦ 색은 검정색.

⑧ 5행의 성격은 수(水).

⑨ 8괘의 부호는 감(坎).

⑩ 감은 물이라고 하여 고요히 서있는 법이 없으니 흐른다고 하여 사람과의 신뢰, 침착, 비밀간직, 연애운, 금운 등을 의미한다. 잠재적 고뇌, 곤혹, 욕심이 많아 위험이 따른다.

▶동북쪽의 방위

① 새로운 하루가 시작된다. 어둠이 걷히고, 밝음을 맞게된다.

② 하루의 오전 1시부터 날이 밝아오는 여명기인 5시까지, 축(丑)시와 인(寅)시 시각이다.

③ 1년 중 한겨울부터 초봄 음력 12월과 음력 1월이다.

④ 60간지에서 소띠와 범띠. 소띠는 을축, 정축, 기축, 계축이며 범띠는 병인, 경인, 임인, 갑인.

⑤ 인체는 허리, 등, 코, 손가락.

⑥ 색은 황, 황토

⑦ 5행의 성격은 토(土).

⑧ 8괘의 부호는 간(艮).

⑨ 간은 산을 의미해 높이 오르는 부동산운, 저축운, 전직운, 변화운, 상속운 등을 상징한다고 할 수 있다.

제 **1** 장

생활과 풍수

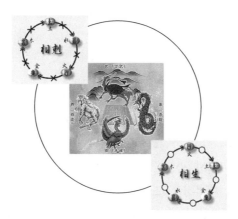

황종찬 박사의
생활풍수

1
행운의 기(氣)가
당신의 인생을 좌우한다

사람들이 밤낮으로 몸이 부서져라 일하고, 각종 시험이나 자격증, 또는 학위를 얻기 위해 열심히 공부하는 것은 돈과 명예를 얻고 그로 인해 행복해지기 위한 전초적인 노력이다. 그러나 아무리 노력해도 노력에 비해 결과가 좋지 않을 때

"나에게는 운이 없구나"라고 생각하게 된다.

이처럼 운이 따르지 않으면 아무리 노력해도 우리가 추구하는 행복을 얻기 쉬운 일이 아니다.

이 행복의 기원이 되는 「운(運)」이란 도대체 무엇인가?

이것은 바로 에너지라고도 일컫는 기(氣)에서 출발하는 것으로 에너지가 약한 사람은 노력을 해도 행운을 잡을 수가 없다.

동양의학에서는 사람의 건강을 조종하는 것은 혈액(피)과 기(기운)라고 말한다. 그래서 몸이 허하면 흔히 '기가 쇠진해서 그렇다' 하여 기를 왕성하게 돋우기 위해 보약을 먹기도 한다. 동양 풍수지리학에 따르면 행운을 얻을 수 있는 방법은 크게 음택풍수와 양택풍수 두 가지가 있다.

음택(陰宅)풍수는 돌아가신 조상의 기가 살아있는 후손의 기와 어우러져 힘을 받는 것이고, 양택(陽宅)풍수는 살아있는 생명의 건강한 기가 집안으로 들어와 이것이 집안에 행운을 주는 것이다.

그래서 조상의 음덕(陰德)이라고 하여 묘를 잘써야 후손에게 행운이 생긴다는 말이 생겨났으며, 양택의 경우는 현재 살고있는 생활환경이 운과 연관이 되는 것이다.

그러므로 한마디로 풍수는 습도가 없는 편안하고 따뜻한 방에서 잠을 자는가, 또 주변이 조용한가하는 환경적인 요인을 적절히 이용하여 행운의 기를 받게 하기 위해 생활 속에서 응용되고 있다.

얼마전 필자는 성남시에 있는 한 젊은 사장으로부터 한 통의 전화를 받았다.

40대 초반의 이 사장은 환경사업이라고 할 수 있는 각종 폐자재를 처리하는 사업을 하고 있었는데 지난해부터 계속 회사에서 사고가 생겨 부도 위기에 처하게 되었다며 진단을 의뢰해왔다.

회사는 성남시청에서 가까운 곳에 있는 3층 건물이었는데 위치도 좋고 주변환경도 좋았다. 그러나 필자는 서향에 출입구가 있는 것을 보고 이 회사가 어려움에 빠졌음을 쉽게 알아차릴 수 있었다.

해가 솟아올라 활기찬 희망을 안겨주는 동쪽이 아닌 해가 기우는 서쪽에 출입구가 있는 것은 한마디로 전망이 없음을 뜻한다.

두 번째 문제는 도심에서 빌딩으로 들어가는 입구가 건물 덩치에 비해 매우 적어 큰 어른에게 작은 옷을 입힌 격으로 균형을 잃은 점이나 작은 건물에 큰 입구의 경우이다. 이 회사는 건물은 큰데 출입구가 적어 들어오는 기가 그만큼 적게 작용하고 있다.

대문은 우리에게 행운을 전달해 주는 첫 관문이기 때문에 건물과 어느정도 비율이 맞는 출구(대문)가 있어야 행운을 얻을 수 있는 것이다.

우리가 생활 속에서 풍수를 잘 활용한다면 노력한 만큼의 결과는 물론 그 이상의 행운도 얻을 수 있는 것이다.

황종찬 박사의
생활풍수

2 길상(吉祥)을 알려면
방위(方位)를 알아야 한다

기의 유입은 방위에서부터 시작된다. TV나 라디오의 화면이나 주파수가 맞지 않으면 화질과 음질이 좋지 않은 것처럼 아무리 크고 좋은 집이라 해도 방위가 좋지 않으면 길상을 얻지 못한다.

이 방위가 정확하게 맞아야만 기가 충만하게 들어올 수 있으니 생활과 방위는 불가분의 관계인 것이다.

겨울은 서북풍이 휘몰아치는 계절이다. 이 북풍을 막기 위해 방패막이 되는 산이 있고, 오른쪽과 왼쪽에 높지 않은 구릉, 앞쪽이 탁트인 남쪽이라면 이보다 더 좋은 방위는 없을 것이다.

우리가 자주 쓰는 것으로 동·서·남·북의 네 방위가 있다. 그러나 풍수에 있어서는 8방, 12방, 24방까지 만들어 쓰고 있다. 그중 8방위가 기준이 된다.

그렇다면 이 8방위에 대해 알아보도록 하자(12쪽의 8방위에 따른 운과 기 참조).

1. 동(東) : 태양이 솟아오르는 방위로 아침을 뜻한다. 아침은 활력, 발생, 근면, 성장, 혹은 성공과 같은 상징적 의미가 내포되어 있다.

2. 동남(東南) : 태양이 올라와 강하게 퍼지는 방위로 이곳은

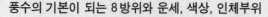

풍수의 기본이 되는 8방위와 운세, 색상, 인체부위

노력, 준비, 번영을 상징한다.

3. 남(南) : 정오, 한낮으로 해가 중천에 떠있는 형상으로 명예,
   지위의 번성, 지혜, 아름다움 등의 강성함을 의미한다.

4. 남서(南西) : 태양이 머리 위에서 서쪽으로 기울어져 떨어질
   준비를 하는 형상으로 정숙, 순종, 겸손, 공손 등을 의미한다.

5. 서(西) : 해가 침몰하는 황혼을 나타내며 하루의 일과를 끝
   내고 집으로 돌아가 가족들과 조용히 안정을 즐기는 모습을
   나타내므로 희열, 온화 등을 상징한다.

6. 서북(西北) : 어두운 밤을 맞이하여 휴식을 취하니 완수, 완
   벽과 같은 것을 상징한다.

7. 북(北) : 어둠이 깊게 깔려 있으니 캄캄함과 암울함을 의미

한다. 하루의 시작을 의미하기도 하며 표면에는 별로 나타남이 없으나 깊은 곳에서 비밀스러움을 간직하고 있다.

8. 북동(北東) : 새로운 하루가 시작되는 개명을 앞둔 시간으로 기대와 변화를 뜻한다.

위의 8방위를 주택풍수학에서는 우월평가의 기본으로 삼고 있다. 이것만 이해하고 믿는다면 대략 길흉의 출입을 판단할 수가 있다.

정도전이 한양에 도읍을 옮기고 경복궁을 지었다. 그것이 500년의 왕궁터로 이어져 오고 있는 것은 그곳이 최고의 명당자리이기 때문이다. 그러기에 그 숱한 환난의 역사동안 변함없이 대한민국 4000만 국민을 대표하는 집으로 남아있을 수 있는 것이다.

청와대는 인왕산을 뒤에 두르고 우측엔 안산이 왼쪽에는 성북 정릉산이 감싸고 있고 지금은 남대문으로 막혀 있지만 과거에는 넓은 터와 한강이 흐르고 있었으니 방위상으로 봤을때는 이곳이 바로 명당자리가 아니겠는가!

지금으로부터 20여년전 공직에 있을때 강원도 강릉시에 감사를 나간 일이 있었다. 지금은 그 마을 이름을 잊었으나 풍세가 아주 수려한 마을이었다. 마을 뒷산이 높고 양 산줄기의 지맥은 마치 두 팔로 보듬고 있는 듯 했으며 앞은 넓은 문전옥답 같은 들판이 펼쳐 있었다. 이른 봄이라 다른 곳은 아직 잔설이 남아 있었음에도 불구하고 이 동네는 남쪽 햇살이 들어 하루종일 따뜻해 눈이 없었다. 마을에서 내려다보니 올라온 아랫길에는 작은 강이 보여 한눈에 따뜻하다는 느낌을 받았다.

뒤에 들은 이야기인데 이 동네는 불과 50여 가구 미만의 작은 시골 마을이었는데 이곳 출신 박사만 30여명이 되었고 장군 9명, 판검사 10여명이 배출되었다고하니 놀랍지 않을 수 없다.

한 집에 한 명꼴로 명사를 만들어 낸 셈이니 동네의 지세·방위·풍세가 작용한 두말할 여지없는 명당 자리였던 것이다.

3 행운을 얻자면 대문(門戶)을 잘 살펴야

우리의 일상생활에서 가장 밀접한 관계를 맺고 있는 주거(住居)가 사람과 어떤 관계를 맺고 있는가를 알아보는 것을 풍수학적으로 가상(家相) 또는 양택(陽宅)이라고 한다.

요즘같이 과학이 발달하고 우주를 연구하는 시대에 구시대적인 동양 역리학을 믿는 사람은 별로 없겠지만 앞에서 말했듯이 필자는 철학이라고 말하기에 앞서 이를 가정환경학이라 명명하였다. 바람과 물 이것은 사람이 살아가는 원천이기 때문에 풍수를 가정환경학이라고 말할 수 있는 것이다.

가령 노령에 접어든 사람의 몸은 여러 가지 질병을 갖기 마련이다. 쇠퇴해진 몸은 풍수의 영향을 이겨내지 못하기 때문에 질병이 생겨나는 것이다.

한방학에서는 기(氣), 한(寒), 풍(風), 습(濕), 서(署)와 같은 진단명들이 많은데 이는 물과 바람이 우리 몸에 직접적인 영향을 끼치기 때문이다. 그러니 행불행이 이같은 자연환경에서 오는 것이 아니고 무엇이겠는가?

얼마전 TV화면에서 충청도 어느 농촌 마을에서 사람들이 피켓을 들고 데모를 하고 있는 광경을 본 일이 있다. 이 마을은 80여 가구가 모여사는 마을인데 마을 앞을 지나가는 도로에서 지금까지 48명

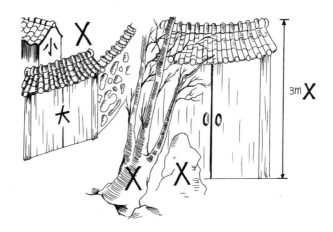

이나 교통사고로 희생이 되었다는 것이다. 주민들은 도로의 안전에 대한 대책을 촉구했는데 사고 원인은 마을 앞길이 좁은 궁형(弓型) 길이라 멀리서 속도를 내고 달려온 차량이 이곳을 통과할 때 달려오던 탄력을 미처 줄이지 못한다는 것이었다.

마을 사람들은 도로공사 측에 시정을 요구하고 있었는데 이와같은 지리적인 안목은 과학적인 지식에 근거한 것이라는 것을 부인하는 사람은 없을 것이다.

만일 독자 중에서 불행한 일이 계속 일어나는 사람이 있다면 우선 자신의 일상생활에서 가장 오랜 시간을 보내게 되는 주택을 유심히 살펴볼 필요가 있다. 그중에서 가장 관심을 가져야 할 곳이 바로 대문의 위치이다. 옛부터 문은 기(氣)가 드나드는 곳이라고 하였는데 풍수학에서는 기구(氣口), 즉 사람의 입에 해당한다고 하였다. 우리는 입을 통하여 생기를 갖게 되고 원기를 회복할 수 있게 되므로 가장 중요한 곳이며 따라서 사람의 입 구실을 하는 대문에 각별히 관심을 갖을 필요가 있다.

넓고 웅장하다 하여 무조건 좋은 대문이라고 하지 않고 집과 대문이 조화를 이루어야 한다. 다시말해 집의 택상(宅相)이 좋은지 나쁜

지에 따라 집안의 행, 불행이 결정되게 된다. 이는 대문이 기가 들어
가고 나오는 첫 번째 관문이기 때문이다.

그렇다면 집과 대문의 조화에 대해서 살펴보도록 하자.

1. 대문은 큰데 집이 작으면 가운이 기울게 된다. 대문으로 들
   어온 기가 작은 집을 누르고 압도하기 때문이다. 그러므로
   집과 대문의 크기의 비가 조화를 이루어야 한다.

2. 대문이 터무니 없이 높으면 모양새가 어울리지 않게 되고
   이 때문에 집안에 흉칙한 일이 생기게 된다.

3. 집 앞에 오래 묵은 고목이 있으면 가족 중에 질병을 앓게
   된다. 그러나 약을 사용하면 약 효험이 있어서 쉽게 날 수
   가 있어서 흉칙한 일만은 당하지 않게 된다.

4. 문앞에 버드나무가 있으면 이 집은 화재 위험이 높다. 하지
   만 대문이 동쪽으로 향해있으면 별로 큰 지장은 없으니 화
   재 염려는 하지 않아도 된다.

5. 대문에 장식을 한다고 큰돌을 두거나 표시물을 두는 것은
   삼가하는 것이 좋다. 돌이 있으면 기형아가 생겨날 수 있으
   며 특히 돌을 좌측에 두게 되면 주인은 가슴앓이 병을 앓게
   된다.

6. 우물이 뒷문과 통하는 위치에 보이면 가족중에 음란한 행위
   가 일어난다고 할 수가 있다.

생활풍수

4 상생조화를 이뤄야
행운이 있다

상생상극을 자연에 조화시킴으로써 길흉을 알고 밝혀낼 수 있다. 예를 들어, 건물을 신축해 목욕탕을 하려는 사람이 있다고 가정하자.

장소와 출입문(대문과 같다)을 내고자 5행을 적용시켜 보면, 목욕탕은 항상 물을 많이 사용하고 담아두는 곳이기 때문에 물(水)의 기운이 왕성한 곳이다. 물의 기운을 더 북돋워 주려면 5행상 수에 해당하는 수기를 상생시켜주는 금의 방위를 찾아야 하는데 북서쪽 아니면 서쪽 등이 가장 유리한 위치가 될 것이다. 특히 오후에도 햇볕이 계속 들어오는 서쪽 방위는 한랭한 기운을 없애줄 수가 있어 가장 적합하다.

반대로 건물의 남쪽에 목욕탕을 지었다면 5행은 불(火)인데 목욕탕의 수기가 화를 계속 극하게 되므로 남쪽의 에너지가 소모되는 결과를 낳게 된다. 그러므로 목욕탕을 운영하면서 수입보다 지출이 많아 고전을 겪게 된다. 이런 점을 고려하면 풍수지리에 있어 5행 적용이 행, 불행을 가려내는 척도라는 사실을 알아야 한다.

또하나 예를 들면 5행에서 남동간에 진 방위, 북서간의 술 방위, 북동간에 축 방위, 남서간의 미 방위에 점포나 가게를 열게 되면 주변으로부터 민원을 당하게 될 위험이 농후하다. 남의 입에 구설을 당하거나 아니면 원망을 받는 결과를 초래하게 된다.

풍수의 오행 상극도

집에서 기르는 열대어는 어항의 위치를 잘 놓게 되면 황금의 운도 따를 수 있다. 물이 있는 어항의 방향(부위)에 따라 길흉이 결정된다는 것을 알고 있는 사람은 그리 많지 않을 듯하다. 그러나 물에 기가 있어 수기와 상극되는 방위에 있다면 불행을 당할 수 있다.

즉, 서쪽에 어항을 두게 되면 돈과 인연이 적어 돈을 번다해도 모이질 않는다. 또 남쪽에 두면 가족중에 정신이상이 생기는 사람이 나올 수도 있다. 어항을 두는 가장 좋은 자리는 동방위, 동남방위, 그리고 북서방위다.

화병 역시 서쪽이나 남향에 놓는 것을 삼가해야 한다. 화병에도 물의 기가 있기 때문이다.

이렇게 상생상극을 알면 불행을 피해갈 수가 있고 행운을 얻을 수가 있다. 상생상극을 알게 되면 5실5허가 보인다. 5실은 다섯 가지 비대함을 말하는 것이고 5허는 5가지 허함을 의미한다. 이 실함과 허함을 상호 더하고 빼는 원리를 풍수에 적용하는 것이 바로 상생조화이다. 살아가면서 상생조화를 적용하면 반드시 행운이 따르는 삶을 이어갈 것이다.

5 풍수에는 9개의
에너지가 있다

모든 공간에는 바람이 있다. 바람이란 공기이며 기이다. 우리의 집
이며 방안에 기는 항상 존재한다. 이것은 9개로 분류할 수 있다. 그
것은 곧 행불행을 알 수 있다는 것이다.

9개의 성질은 북, 동북, 동, 동남, 남, 남서, 서, 북서, 중앙으로 이
방위가 각기 다른 독특한 성질을 갖고 있는 것이다. 뒤에 설명할 '럭
키 존'과 함께 이 방위각이 중요한 운세를 띄고 있는데 구체적으로
보면,

▶북 : 남녀간의 사랑, sex, 비밀을 지키는 에너지, 은밀히 숨기
는 운, 신뢰

▶동북 : 변화의 에너지, 두뇌결정을 하는 힘, 상속에 관한 힘

▶동 : 젊음, 보내는 기운, 새로운 일에 도전하는 에너지, 건강,
정신적인 측면의 에너지

▶동남 : 결혼, 교재, 인간관계

▶남 : 미(아름다움), 사교성, 교육과 재판에 관련한 작용

▶남서 : 가정원만, 어진 부인, 어머니, 부동산운

▶서 : 남녀의 놀이, 즐거운 식사, 금운에 관계된 힘

▶북서 : 출세운, 승부운, 노후를 지키는 힘, 하늘이 도와주는

방위

▶중앙 : 모두를 돌이키는 에너지

원래는 8방위이나 중앙의 방위를 추가해 모두 9개의 방위로 세분화했다.

그러면, 이 9개의 에너지와 그 장소에 있는 가구며 인테리어 그리고 벽에 붙은 그림과 꽃들에 따라 상생을 가늠해 보고, 이 집이나 방이 길상인지 아닌지를 가늠해 보자.

예를 들면, 북서 방위는 둥근 것과 상생이라 할 수 있다. 그러므로 북서쪽 방에는 4각진 테이블이나 책상 같은 것 보다는 둥근 테이블 등을 놓게 되면 훨씬 기상이 좋아진다.

위의 에너지 중 북서는 출세운, 승부운이므로 이를 잘 활용하면 성공하는 운을 얻을 수 있다.

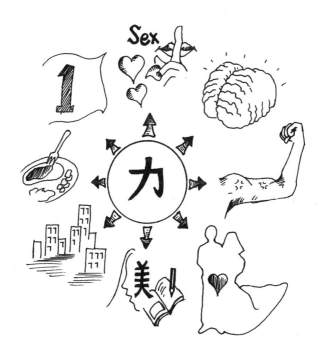

또 하나의 예를 들면 동남 방위는 꽃과 어울리는 상생의 방위다. 즉 동남 방위에 꽃을 많이 장식해 두면 행운의 기를 훨씬 많이 받게 된다는 것이다.

꼭 꽃이 아니더라도 꽃이 많이 그려진 커튼을 달아도 운을 얻을 수 있다. 또 동남 방위는 결혼과 관계가 있는데 가령 묘령의 처녀가 출가를 원한다면 동남방에 꽃을 장식해 두면 생각보다 빨리 혼인의 연을 맺을 수 있다.

돈을 많이 벌고 싶다면 금전운을 관장하는 서쪽에 열쇠가 있다. 벽의 틈새, 천장의 비 새는 곳 등을 살펴 금운이 빠져 나가는 곳이 서쪽에 있는가를 잘 살펴볼 필요가 있다.

결국, 방 출입구에서 들어오는 '럭키 존'과 집의 방위에 따라 9개의 에너지 작용 등이 합쳐져 풍수가상의 기본이 된다고 할 수 있다.

양택풍수라고 할 이 가상학(家相學)을 활용하는 방법은

첫째, 방위를 정확하게 판단하는 것

둘째, 방위별 성질이 되는 에너지 특성을 알아두는 것

셋째, 출입문에서 들어오는 '럭키 존'이 어우러져 운세를 만드는 것 등이다.

이 양택풍수의 길흉을 생활화한다면 큰 행운을 얻을 수 있을 것이다. 마지막으로 집에 있어서는 집 전체에 해당하는 길흉을 볼 수가 있고, 또 방 하나를 두고 길흉을 가늠할 수 있는 것이니 이것 역시 명심할 필요가 있다.

6 음양오행(陰陽五行)을 알아야 상생상극(相生相剋)을 알 수 있다

동양철학에서는 만물이 성하고 변화시키는 다섯 가지 원소가 있는데 이것을 오행이라고 한다. 그것은 금(金), 목(木), 수(水), 화(火), 토(土) 다섯 가지이다.

각기 상반된 원칙이 있는데 그것은 상생과 상극이다.

상생은 목에서 화가, 화에서 토가, 토에서 금이, 금에서 수가, 수에서 목의 다섯 가지가 생기는 것이다.

반대로 상극이 있다.

이 상극은 토는 수를, 수는 화를, 화는 금을, 금은 목을, 목은 토를 이긴다는 상대원리를 가지고 이렇게 부른다.

상생에서 물이 나무를 살리는 것을 水生木이라고 하고, 불이 조화를 이루는 것을 火生土라고 부르게 된다. 그러나 이와는 반대로 흙은 물과 싸우는 土克水, 화는 금과 싸우는 火克金 등 각기 다른 형태를 가지는 것을 말한다.

예를 들면, 수생목인 나무는 수액에 의하여 생성되므로 수생목인 것이다. 또 불은 흙과 잘 어울릴 수가 있으므로 불은 흙을 생성시킨다. 극에 있어서는 흙은 물을, 불은 금을 이기지 못하므로 상극에 해당된다. 그러므로 서로 생으로 만나는 것은 좋은 것이나 극은 나쁜 것이다.

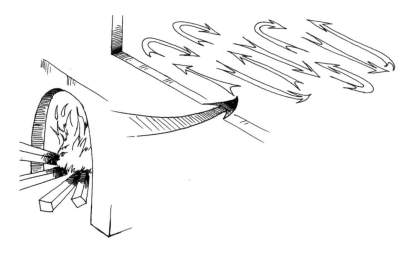

이와 같은 원칙은 주택의 건축에 도입할 수 있다. 과거 건축 가옥에 있어서 방의 구들은 돌로 방바닥을 고이고 그 돌 위에 황토흙을 발라 만들었다.

돌 아래는 불기둥을 통하여 여러갈래로 골을 만들어 불기가 들어가게 했다. 이 때문에 불아궁이에서 불을 때게 되면 방바닥이 데워진다. 이것을 오행으로 생각하면 아궁에서 불을 때면 돌과 흙으로 된 온돌방을 살리는 길이 되므로 이것을 火生土라 한다. 생성의 기가 승화가 이루어져 온돌방에서 거주하는 사람의 건강을 지키게 되는 것이다.

우리 조상들은 모든 것을 오행에 결부시켜 집을 짓고 구들을 만들어 기를 지키고 행운을 얻어 온 것이다. 실제로 감기, 몸살, 관절염과 같은 질병은 하룻밤 따뜻한 아랫목에 누워서 자고나면 씻은 듯이 낫는 것이다. 이것을 고려하면 편리만을 강조한 지금의 방이나 거실이 얼마나 건강을 해치고 있는가를 알 수 있다. 이같은 동양 풍수학을 비과학이라 한다면 할말은 없으나 우리 조상들은 수천년 살아 오면서 이것이 이미 생활과학이라는 것을 터득한 것이다.

지금도 덕수궁에 가보면 임금님의 원기 회복을 위하여 황토 온돌방이 이용되었던 것을 알 수 있다.

예전의 어머니들은 산후 조리를 구들방에서 했다. 그리고 나서 바로 논밭에 나가 일을 하시는 것을 기억한다. 도심에서도 황토방이라고 하여 찜질을 하는 것과 시중에서의 흙침대, 돌침대, 황토침대 하는 것이 다 이를 근거로 하고 있다. 불은 역시 나무로 때는 불이어야 좋다. 그런데 현대 주택들은 하나같이 시멘트와 모래로 이루어져 있으니 황토방과는 다르다. 시멘트 구들방은 식으면 냉기가 더할 수 있는 반면 황토는 온도가 식어도 서서히 식게되니 건강에 좋음은 틀림없다.

최고의 인기를 누렸던 드라마 '허준'을 보면 약제소의 약 달이는 장면을 볼 수 있는데 흙으로 빚은 약 항아리에 자연에서 얻어온 약재로 달여서 먹는다고 하는 것은 어쩌면 당연하다고 할 수 있다.

이렇듯 자연친화적이고 건강지향적인 우리 고유의 온돌방 구조를 연구하여 건강을 얻고 기를 얻는데 도움이 되어야만 할 것이다.

기에서 건강을 얻는다면 행운을 얻는 것도 분명할 것이다. 행복한 생활을 위해서라도 오행과 상생상극을 익히도록 노력하자.

7 Lucky Zone 을 알아야 행운을 잡을 수 있다!!

행운을 얻는 것은 좋은 기(氣)를 집안으로 어떻게 불러들이는 가의 여부에 달려있다.

여기에 한가지를 더 추가하자면 집안으로 들어온 기(氣)를 분배하는 문제인데 이 기(氣)는 대문이나 아파트 현관으로 들어와 거실이나 마루를 거쳐 집안 곳곳으로 퍼져 나가고 심지어는 집안에 살고 있는 동식물에게까지 전해지게 된다.

이러한 기의 유동과 흐름을 잘 조절하는 것이 양택풍수(陽宅風水)인데 일본에서는 이를 가상학(家相學)이라 부르고 있다.

앞에서도 말했듯이 기는 보이지는 않지만 생물이 있고 머무는 곳에는 반드시 존재하는 것이다.

일상생활에서 우리가 흔히 양기(陽氣), 대기(大氣), 한기(寒氣)라는 말을 사용하는데 양기라고 하는 것은 태양의 기운을 표시하거나 남성들의 성 에너지를 말하는 것이며, 대기는 우주에 퍼져 있는 기운으로 공기를 뜻하고, 한기는 찬 기운을 말하는 것으로 이들 모두 기의 존재를 입증하는 말들이다.

대문이나 현관을 통하여 들어온 기는 대각선으로 비스듬히 누워서 전진하게 되는데 집안의 벽 모서리에 부딪치면 더 이상 나가지 못하고 집안의 중심점으로 모여 다시 집안 곳곳으로 퍼진다.

이때 주목해서 살펴봐야 할 것이 행운의 기가 스며드는 Lucky Zone(행운의 자리)이다.

이 지역은 집안 전체일 수도 있고 개인의 방안일 수도 있는데 이 자리에 오랜 시간 머물게 되면 더 많은 행운을 얻을 수 있는 것이다.

이는 TV나 라디오의 주파수가 맞지 않으면 화면이 흔들리고 음향이 떨리는 것과 같은 원리이다.

따라서 우리는 집안의 Lucky Zone이 어디인지를 명확하게 알아내고 이 자리를 활용할 필요가 있다.

사람은 수면으로 쇠약해진 기운을 보충하게 되는데 Lucky Zone이 있는 위치가 침실이라고 한다면 부족함이 없는 행운을 수혈 받을 수 있게 되는 것이다.

멀리 부산에 살고 있는 한 중년 부인으로부터 열일곱인 외아들이 늘 머리가 아프다고 하여 병원에서 진찰을 받았으나 원인을 찾지 못하여 걱정이라는 문의를 받은 적이 있다.

이것 저것 몇 가지 전화상으로 물어본 후 방을 바꾸어 주라고 방안을 제시했다.

그후 몇 달이 지나 진주에 가는 길에 일부러 시간을 내어 그 집을 찾았는데 아들은 공부에 지쳐 빈혈상태에 있었으나 필자가 지시한 Lucky Zone으로 방을 옮기고 나서는 머리도 아프지 않고 공부를 잘하게 되었다는 것이다.

필자는 실내의 가구배치와 침대방향 등을 다시 재정비해 주고 상경하여 집으로 돌아왔다.

그 후 식욕도 좋아지고 공부에 더 열중하고 있다며 좋아하는 소식을 전해 들었다.

그 아이의 몸에 기를 충전해 주는 Lucky Zone을 알려 주었기 때문에 가능한 일이었다.

황종찬 박사의
생
활
풍
수

8
행운과 허실(虛實)은 불가분의
관계다

동양철학에 있어서는 모든 사물의 근원을 허실(虛實)에 맞추어 보고 있다. 동양의학이라는 한방에서는 사람의 몸을 허와 실로 분류하여 진단 치료하게 된다. 즉 실한 사람과 허한 사람, 다시 말하면 영양상태가 과도하여 생기는 병을 '실'이라하고 지나치게 약한 것을 '허'라고 보아 모든 질병이 이것에 근거한다고 본다. 그래서 중간을 만들기 위해서 실하면 빼고, 허하면 보태는 치료가 바로 한방원리의 치료개념인 것이다.

주택 풍수의 지리 즉, 가상학에 있어서도 5허와 5실을 적용하게 된다. 5란 숫자가 의미하는 것은 오행(五行)을 의미하는 말인데, 이 5행은 음양의 2원론이라고 할 이치의 하나다. 목, 화, 토, 금, 수라고 하여 우주속의 자연 이치를 이 부류에 포함시킨다. 그러니 자연은 이 범주에 들었다고 본다. 이러한 5허와 5실이 음양과 결합하여 길흉을 만들어 내게 된다.

이러한 가상학적 허와 실은 풍수비전(風水秘典)으로 널리 알려져 있는 황제택경(皇帝宅經)에 나오는 말인데 어떤 집들이 이같은 조건에 속하는지 다음과 같다.

  1. 집은 작은데 그 집에 사는 사람이 많으면 실이요, 집은 궁궐처럼 큰데 살고 있고 사람이 적으면 이를 허라 한다.

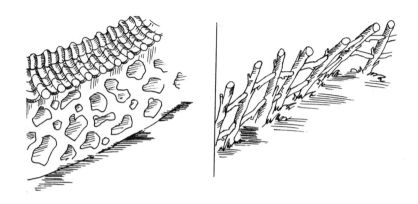

2. 집의 규모에 비하여 문이 작으면 실이고, 집의 규모에 비하여 문이 크면 허인 것이다.

3. 담장이나 울타리가 반듯하면 실이고, 담장 울타리가 기울고 금이 있으면 허이다.

4. 물의 흐름이 남동으로 흐르면 가운이 번창하는 실이고, 우물과 굴뚝이 제자리에 있지 않으면 허인 것이다.

5. 집안의 화초나 나무가 잘 자라고 가축이 많으면 실이고, 집에 비해 정원이나 마당이 너무 크고 넓게 보이는 집은 허이다.

이상의 5허와 5실에서 다루어진 내용의 7~80%는 주택의 실공간과 적절한 가족수, 주변 경관과 조화의 유무를 다루고 있다. 가족 수에 비해서 과분한 공간을 차지하고 있다든가, 적절한 배치가 이루어지지 아니하면 비록 현재는 "부자"라는 소리를 들어도 차츰 가세가 기울고 질병이 잇따르며 매사에 좋지 않은 영향을 받게 된다고 말할 수 있다.

그렇다면 행운이 오고 좋은 집이란 어떤 구조라야 되는지 살펴 볼 필요가 있다. 이런 집은 호화롭지 않더라도 아래와 같은 사항을 갖추면 된다고 짐작된다.

1. 집을 지을 때 방의 수나 기둥의 수가 홀수라야만 길하다.
2. 남향의 집에 서편향(특히 서쪽에 안방을 들이면)을 만들면 길하다.
3. 집의 뒤쪽에 출입구가 있으면 길상이다.
4. 집터를 보았을 때 정면의 폭보다 안쪽의 길이가 길면 좋다고 할 수 있다.
5. 집 주인의 방은 중앙에 자리하면 좋다.

다음은 흉상의 집이다.

1. 집안의 방문들은 큰데 방이 작으면 기운이 쇠퇴하고 흉하다.
2. 문짝이 문틀과 맞지 않고 뒤틀리면 가정불화가 잦다.
3. 집과 담 사이의 거리가 너무 좁으면 흉하다.
4. 실내장식을 지나치게 많이하고 화려하면 병이 자주 오고 성패가 잦다.
5. 침실이 대문과 일직선상에 있을 경우와 또 부엌이 가까이 있을 경우 흉하다.

길흉상을 보는 경우는 위에서 제시한 다섯까지 이외에도 글씨의 모양으로도 판단하는 경우가 있다. 예를 들면, 지어진 주택의 실제 모양이 ㄱ, ㄴ, ㅁ자와 같은 집형이면 길하고 한문자의 일(日), 월(月), 길(吉)자 같은 형태의 집들은 다 길상에 해당된다. 반대로 공(工), 호(戶), 망(亡), 인(囚)과 같은 한자 모양의 경우는 생기를 차단하게 되니 절대 이런 집을 지어서는 안 된다.

풍수에 있어서 기(氣)가
보여주는 예

풍수란 무엇인가? 글자 그대로 바람과 물이다. 사람에게는 잠시도 없어서는 살 수가 없는 공기와 물, 이것을 풍수(風水)라고 하는 것이다. 한마디로 자연환경이라고도 할 수가 있다. 이 환경을 잘 이용하면 행운을 부를 수도 있고, 이와는 반대로 불행을 겪을 수도 있다.

물이라는 실체는 우리 눈으로 확인이 가능하다. 그러나 공기 즉 바람은 눈으로 볼 수 없으니 판단하기가 애매모호하지만 눈에 보이지 않는다고 부정한다면 이는 잘못된 것이다.

공기 즉 바람도 눈으로는 보지 못하지만 감지할 수 있으며 "바람이 분다"라고 말할 수 있는 것은 강한 공기의 이동이 있기 때문이다. 이러한 공기나 물의 결집된 사항을 우리는 기(氣)라고 하는데 이는 다른 말로 에너지라고도 한다. 이 에너지는 우주 공간 어디에나 존재한다. 자연은 자연대로 기를 가지고 있기 때문에 나무는 자라고 꽃을 피우며 푸른 잎새를 가지게 되는 것이다. 사람 역시 기가 있기 때문에 움직이고 활동할 수 있는 것이다.

이 에너지의 실체는 위에서도 언급했듯이 행, 불행을 가져오는 바로미터라 할 수 있다. 우리는 발달된 통신으로 전파를 통하여 먼거리에 있는 사람과 대화를 주고 받고 있는데 이 전파는 눈에는 보이지 않지만 파장이라고 하는 주파가 있기 때문이며 이는 기가 눈에는 보이지 않지만 실재할 수 있다는 과학적 가능성을 엿볼 수 있는 한 예이다.

현 시점에서 기(氣)에 관한 문제를 다시 한번 제기하는 까닭은 실제 우리 생활에 영향을 미치게 될 행, 불행의 근본을 이야기하기 위해서이다.

우리 몸에 기가 존재하고 있고 이 기가 인체와 어떠한 연관이 있는지를 확실히 하기 위한 예를 들어보겠다.

고양시 행신동에서 한의원을 하고 있는 필자의 친구가 있다. 이 사람은 지맥보다는 모발분석(毛髮分析)으로 환자를 진찰하는 괴짜 한의사이다. 어느 날 이 친구의 병원으로 놀러 갔다가 왕진을 간다기에 따라간 일이 있었다.

병원에서 3km 떨어져 있는 아파트 8층 집이었는데 환자는 80세 가량의 노인이었다. 벌써 여러날 밥을 넘기지 못해 맥을 못추고 있었다. 한의사인 그 친구는 지맥을 하고 이 노인의 모발을 뽑아 잘 수거하고는 방 내부를 두루두루 살피더니 동남향으로 향해져 있는 유리창 너머 발코니에 있는 화분 앞으로 다가갔다.

겨울이었으나 꽃까지 소담스럽게 피고 잎새는 청록색으로 윤기가 흐르는 싱싱한 동백나무 한 그루가 그곳에 있었다. 한의사는 왕진 가방속에서 명주실 꾸러미를 꺼내더니 그 실을 동백나무에 묶고 다른쪽은 노인의 왼쪽 팔목에 묶었다.

다음날 노인을 찾아가 보니 전날 눈도 뜨지 못하고 기진맥진해 있던 노인이 미음을 반사발이나 먹었다며 가족들이 반겨 맞는 것이었다. 그런데 반대쪽 동백나무는 어제와는 달리 시들해 있었다.

나무의 기가 명주실을 통해 노인에게 전달된 것이라는 친구의 설명을 듣고 나서 우주의 기는 만물과 서로 교류하고 있다는 사실을 눈으로 직접 확인하고 기의 존재를 확실히 믿게 되었다.

10 당신도 복권에
당첨될 수 있다

우리 경제가 말이 아니다.

중소기업의 사정이 날로 심각해지고 금융기관의 합병 등으로 근로자들의 외침의 소리가 커지고 있다. 거리의 노숙자들은 자리 때문에 살인을 하고 상인들도 장사가 안 된다고 울상이다. 이럴 때 돈벼락이라도 맞았으면 하는 사람이 한 둘이 아닐 것이다.

복권에 당첨된 한 중국집 주인과 종업원 셋이서 같이 긁은 복권이 대박이었다.

세 사람은 똑같이 나누기로 하고 복권은 주인이 보관하기로 했다. 그런데 한 종업원이 당첨이 틀림없는지 다시한번 번호를 확인하고 싶다며 냉장고에 보관중인 복권을 가지고 도망쳐 버렸다. 오죽했으면 그럴까 생각하니 이는 욕심이 화근이요, 가난이 원수일 뿐이다. 당신도 돼지꿈이라도 꾸어서 대박이 터졌으면 할 것이다. 나라고해서 횡재가 없으란 법은 없다. 결론적으로 말하면 당신도 복권에 당첨될 수 있다. 복권에 당첨되려면 우선 과욕을 버리고 무엇보다 중요한 것은 자신이 기거하는 침실의 정돈이 가장 중요하다.

너무 좁고 작은 방보다는 다소 넓고 큰 침실이 필요하다.

동쪽에 약간 튀어나온 창문이 있고 남쪽에도 큰 창문이 하나 있으면 아주 이상적이라 할 것이다.

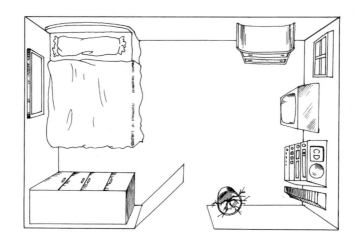

　동쪽은 결단력이 있는 방위고 남쪽은 활기찬 영감을 주기 때문이다. 가구는 방의 남서쪽에 진열해 놓으면 적절한 배치가 된다. 침대는 서쪽에 두고 머리는 북쪽을 향해 두면 좋다. 침대 끝에 조명등을 설치하면 금상첨화다. 북, 동북쪽에는 골동품류의 궤를 놓고 안에 소중히 여기는 귀금속 등을 넣어 둔다. 동쪽에는 오디오, CD, TV 같은 전자매체를 놓고 관엽식물을 놓으면 기운이 최고조에 달한다. 남쪽에는 빨간 꽃이 피는 화분이나 빨간 갓을 씌운 스탠드를 놓으면 좋다. 서북쪽에는 북쪽에 베개를 놓고 서쪽벽에는 가을 풍경화 같은 그림을 걸어둔다.

　이 정도의 배치면 복권을 사서 당첨을 기대해 볼만하다.

　기운이 최고조에 달했다고 볼 수 있기 때문이다. 이러한 환경에서는 돼지꿈과 맞먹는 횡재의 운을 얻을 수 있다.

　행운이란 기가 가장 활발할 때 이를 뒷받침해 주기 때문이다.

　당신도 복권에 당첨될 수 있다.

　그것은 당신의 신념이 가장 강하고 확신이 있으며 영감이 절정에 달할 때 그 기대는 충족될 수 있다.

황종찬 박사의
생활
풍수

11 풍수에서 좋은 집은 배산임수(背山臨水)의 형태

기가 있다는 것을 안다면 눈에 보이지 않는 곳에 수많은 기가 있다라고 하는 것은 쉽게 짐작할 수 있을 것이다. 풍수(風水)에 있어서도 지기란 것이 있는데 지기란 땅에서 올라오는 기운 즉 에너지를 말한다.

인간은 하늘과 땅 중간에 살면서 땅의 지기와 하늘의 천기, 즉 음기와 양기를 받아서 존재하게 되는 것이다. 이러한 기와 사람의 기가 어우러져 더 강한 기를 만들어 내게 되고 이 기가 집안에 가득차 있으면 즐거움과 기쁨이 넘치게 되니 이것이 행복의 지름길인 것이다.

필자는 이 자리에서 음택보다는 양택을 중심으로 이야기하려고 하는데 양택을 얘기하기 위해서는 주택이 가장 큰 초점이 된다.

우리는 행운이 내 곁을 떠나지 않고 항상 자신의 주위에 머물기를 바라기 때문에 집을 새로 지을 때나 이사를 들어갈 때 좋은 기를 받을 수 있는 집을 얻기 위해 풍수를 염두해 둘 필요가 있다.

예를 들어 내가 원하는 보금자리를 지었지만 홍수가 나서 집이 물에 잠긴다거나 가족이 집 앞 건널목에서 교통사고를 당했다면 이는 불행한 일이다.

공부를 열심히 하려고 하지만 시험만 치면 낙방하는 일도 모두 원

인을 따져보면 우리가 미처 알지 못하는 원인이 어딘가에 있기 마련이다.

불행이 없고 각자 소망을 이루고 행운이 따른다면 얼마나 좋을까?

이러한 가상은 오행사상(五行思想)에 근거를 두는데 상생상극(相生相剋)을 현명하게 판별해야 한다.

가상학으로 가장 좋은 집은 많이 알려져 있듯이 배산임수의 형태이다. 배산임수의 형태는

첫째, 집뒤에 산을 두고 양 옆(동과 서)에 집을 보듬듯 감싸는 구릉이 있어야 한다.

둘째, 앞은 넓고 물이 흐르는 강 같은 것이 보여야 한다.

셋째, 주변에 무성한 나무가 있고 집의 방향은 서남향이어야 한다.

이 정도라면 우선 행운을 가져오는 입지를 갖추었다고 보아도 좋을 것이다.

12
행운을 가져올 좋은 집터란
어떤 땅일까?

70 ~ 80년대 까지만 해도 농촌사람들이 교육, 문화, 직업 때문에 도시로 모여들었지만 근래에 와서는 탈 도시의 바람이 불고 있다. 공기가 좋은 지방으로 내려가 조용하고 편안하게 살겠다는 생각에 귀농현상이 늘고 있는 것이다.

의정부에 사는 Y라는 사람은 하던 사업을 자식에게 맡기고 외곽 변두리에서 조용히 노후를 보낼 생각이라며 필자에게 외각에 사놓은 주택부지를 봐 달라고 부탁을 해 왔다.

의정부시에서 차편으로 불과 20여분 거리에 있는 곳이었는데 주택부지로 큰 손색이 없는 땅이었다.

북쪽은 산이고 좌우측은 구릉이 가로막아 아늑하였고 남쪽은 멀리 앞산이 바라보였다.

왼편에 작은 길이 있었고 앞에는 작은 실개울이 있어 부족하지만 어느 정도 만족할 만하다는 생각을 했었다.

우선 이 땅은 색이 좋고 기름져 있었으며 좌측에 시내가 흐르면 좋았지만 대신 큰 길이 있어 어느 정도 부족함을 메울 수 있었다.

게다가 뒷산 계곡에서 흘러나오는 물이 있어 집을 지으면 풍수학적으로 괜찮은 집터였다.

좋지 않은 땅은 위의 경우와 반대로 생각하면 된다.

햇빛을 받을 수 없다든지 땅이 푹 파여 있다든지 하여 음습한 기가 서려 있는 땅은 주택지로는 좋지 않다.

그리고 무엇보다 밤하늘에 북두칠성을 바라볼 수가 없다고 하면 이런 지역은 분명히 음기가 서려 있어 좋다고 하기 어렵다. 이런 땅에 집을 지으면 운세가 갑자기 몰락하거나 가족중에 병이 들기 쉽고 재물이 소실되어 곤경에 처할 수가 있다.

양택학적으로 행운을 불러주는 주택풍수 지침은 다음과 같다.

첫째, 출세를 바라고 싶다면 남향집을 택하는 것이 좋다. 둘째, 좋은 사위를 얻고 딸을 부잣집으로 시집 보내고 싶으면 남동쪽이 길상이다. 셋째, 부귀영화와 입신출세를 보장받으려면 북쪽에 산이나 높은 언덕이 있고 왼쪽에는 물이 흐르고 오른쪽은 도로나 시내가 흐르고 앞쪽에는 맑은 물이 고이는 연못이 있거나 평지로 확 트인 집이면 길지라고 할 수가 있겠다. 넷째, 자손이 잘 되려면 집터가 사각형상으로 네모반듯하게 놓여 있어야 한다. 다섯째, 둥근모양이면 운세가 둥글고 순탄하다. 여섯째, 장남을 출세시키려면 동쪽에 있는 집터가 좋다. 일곱째, 부인 덕을 보려면 서쪽이 길상이다.

이외에도 피해야 할 지침도 있다.

첫째, 흙이 검거나 모래터여서 비가 오면 땅이 질거나 아니면 물이 쉽게 빠져 나가버리면 집안에 흉한 일이 자주 일어난다. 둘째, 터가 사다리꼴이면 집안에 정신병자가 생기거나 무서운 범죄자가 생겨난다. 셋째, 터가 삼각형이면 화재가 일어나기 쉬우며 송사가 생기기 마련이다. 넷째, 옛날에 감옥, 무덤, 연못, 화장실이 있었던 곳이나 풀과 나무가 자라지 않는 곳, 혹은 돌산 아래는 좋지 않다. 다섯째, 집터 주위에 도로가 이리저리 나 있으면 좋지 않다. 여섯째, 작은 집터에 집을 크게 지으면 흉하다. 일곱째, 집터가 장방형(옆으로 길쭉하게)으로 생겨도 흉하다. 새로 집을 짓거나 들어가는 사람은 이상의 내용을 명심하여 가려서 선택하는 것이 좋다.

13 꽃은 행운을 안겨주는 화사신(花使神)이다

한마디로 풍수에 있어서 꽃은 행운을 안겨주는 화사신이다.

꽃이 있는 집은 밝고 명랑하기 때문이라고 할 수가 있다. 꽃이 주는 감정은 밝고 화사하다고 하는 것은 어느 누구나 겪어본 경험이라고 할 수 있을 것이다. 모르면 몰라도 꽃을 싫어하는 사람은 아마 없을 것이다. 그러므로 감정적인 면에 있어서 꽃은 강한 파워라고 할 수 있는 기를 안겨준다고 할 수가 있다.

어둡고 음산한 흉액의 가정에서 꽃을 장식하면 행운이 올 것은 틀림이 없다. 행운은 밝고 화사한 곳을 찾아 헤매기 때문이다.

가령 금운을 가져오는 방위는 서, 북서, 북동의 3방위이다. 이 3방위가 어떻게 되어 있고, 어떤 꽃이 있느냐에 따라서 이 집의 황금운이 결정이 된다.

서방위는 주로 집안의 현금을 관리하는 방위라 할 수 있지만 곧 흘러 빠져 나가버리면 돈이 모일 기회는 생겨지지 않을 것이다. 그래서 이 방위에서 얻어진 돈은 즐거운 마음에서 사용될 수 있는 기쁨의 돈이 된다라고 하면 이 돈은 다시 돌아와 쌓이게 된다.

이러한 서쪽 황금운 방위를 높일 수 있는 꽃은 역시 노랙색이다. 즉, 노란색은 황금을 의미한다. 만약 돈 버는 것이 소원이라면 방 중심에서 서쪽으로 향해서 노란 황금색 꽃을 장식하면 황금기운이 높

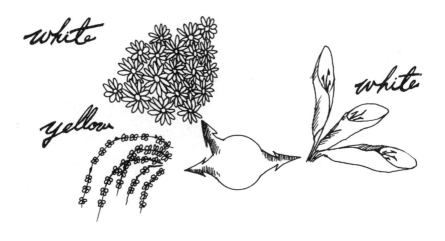

아 진다는 것은 두 말할 여지가 없다.

꽃을 장식할 때 일반적으로 자신이 좋아하는 꽃을 장식하게 되지만 특별히 방위에 따라 각 방위의 기운을 높이는 색상이 필요하다. 서쪽은 황금색인 노란색, 북서는 흰색깔의 꽃을 택하되 흰색중에서도 내가 좋아하는 꽃을 택해서 부채형 꼴로 장식을 한다. 북동은 역시 흰색상의 꽃을 전시하되 그 꽃봉오리가 커야 한다는 것을 염두에 둘 필요가 있다. 이렇게 항상 방에 방위에 합당한 꽃을 전시하게 되면 돈이 쌓이고 벌리게 되어 있다.

그러나 그런 생화를 1년 내내 장식을 할 수 없을 것이므로 조화로 대신 할 수도 있다. 또 창문 커튼에 꽃이 수놓아진 것도 유효하고 침구에 꽃 무늬가 들어있는 것도 좋다고 할 수 있다. 황금운은 확실히 꽃을 좋아하는 것이 사실이다.

필자가 살고 있는 이웃에는 전회장이라고 하는 노부부가 살고 있는 집이 있다. 4~5년 전에 구택을 헐고 새 건물을 지은 집인데 크기가 170여 평이나 되고 정원이 70여평이나 자리하고 있다.

이 집에 갈 때마다 나는 정원의 아름다움에 혹하게 된다. 지금 계절적으로 5월인데 이 집 정원에는 갖가지 수목과 꽃나무가 있어 꽃들이 활짝 어울려 피어 있다. 그 중에 목단과 작약이 있고, 철쭉과 연산홍 그리고 수선화 등이 지금 한창이다.

이 중에서도 철쭉이 여러 가지 색상을 자랑하고 있는데 붉은 색상을 비롯하여 분홍, 노랑, 흰색 등이 조화를 이루어 정원에 들어서기만 해도 그렇게 화사할 수가 없다. 잘 가꾸어진 잔디 정원에 간이테이블과 의자를 내놓고 이 꽃을 감상하고 있노라면 절로 마음이 밝아지는 느낌이다. 이것을 뭐라고 이름을 지을까, 밝고 맑은 좋은 기운(氣運)이라고 해도 무방할 것이다.

전회장의 연세는 금년 76세인데 자녀들을 다 출가시키고 노부부가 식모와 함께 편안하고 안락한 노후를 보내고 있다. 전회장은 경리장교 출신으로 박정권 시절 군복을 입고 한국은행 부총재 역을 담당했던 분이었다.

지금은 물론 전역을 하고 노후를 조용하게 보내고 있으나 경제적인 면에 있어서는 부족함을 느끼지 않고 외제 승용차에 운전수까지 두고 살고 있으니 이만하면 잘 산다고 할 수가 있는 것이 아닌가? 이 집 정원에 꽃이 활짝 피었으니 꽃 구경을 하라고 근래에도 초대를 받아 마당 정원에 앉아 붉고 희고 노랗고 빨간색의 화려한 꽃들을 한동안 바라보고 있다가 돌아오고나니 그렇게 머리가 맑고 마음이 즐거울 수가 없었다.

확실히 아름다운 꽃은 사람의 마음을 사로잡기가 쉬운 것 같다. 이것이 바로 좋은 기운이 아닌가 하는 생각을 했다. 이 전회장 노부부는 젊어서부터 유독 꽃 가꾸기를 즐겨하였는데 구옥을 헐어 내고 새 집을 지은 것도 정원을 가꾸기 위한 욕심에서 새 집을 지었다는 것이다. 그리고 보면 젊어서부터 꽃을 사랑하고 좋아해온 이 부부로서는 금운과 함께 했다고 할 수가 있다.

늙어서 돈 걱정없이 지낼 수 있다고 하는 것만으로도 금운에 있어서 축복을 받았다고 할 수가 있다.

전회장의 집안으로 들어가 보아도 방마다 꽃이나 아니면 관엽식물

화분을 놓고 살고 있다. 이런 꽃과 식물을 지켜 보고 있노라면 저절로 기가 활성화 된다. 이것이 이 집을 의식주 걱정없이 지낼 수 있게 한 원동력이라고 확실히 믿고 있다.

꽃의 아름다운 색상에서 주는 파워도 파워라 하겠지만 향기 역시 무시할 수가 없는 것이다. 꽃에서 생기는 아름다운 향기 역시 즐거움은 물론 상쾌감을 심어 준다. 이것이 바로 좋은 기운이라고 할 수가 있다.

색상이 있는 꽃과 향기가 따르는 꽃에는 확실이 사람에게 따라 주는 기운이 있는 것이 분명하다. 그러나 분명히 알아 두어야만 할 일은 꽃이라고 하여 무조건 다 좋고 행운을 갖고 온다고 믿어서는 안될 것이다. 이는 상생상극이 있기 때문이다.

음의 기가 지나치게 많은데 양의 기라고 할 수 있는 꽃을 지나치게 많이 장식하는 것은 균형을 깨뜨리는 결과이므로 허실의 강약을 적절하게 조절해야만 옳을 것이다. 아뭏튼 집안에 있는 꽃은 행운의 기운을 가져오는 원천임에는 틀림없는 것이다.

집안에 꽃을 적절히 이용해서 행운을 높이는 것도 하나의 현명한 생활학이라 할 수 있다.

집과 방안에 두루 꽃을 장식하여 화사신을 맞아 행복을 얻도록 하자.

황종찬 박사의
생활
풍수

14
밝은 얼굴 모습과 어둠의
조절을 잘 해야 행운이 열린다

우리 생활의 의·식·주의 환경을 바꾼다고 하는 것은 결코 억지로 되는 것이 아니다. 사람에 따라 다르기 때문에 이것을 꼭 '이렇게 해야만 한다'고 말하기는 어렵다. 하지만 적어도 노력만은 마음만 먹으면 할 수는 있을 것이다.

인간이 돈을 버는 금운에는 내부의 노력과 외부의 화려함이 함께 존재해야 한다. 이 내부의 표시는 곧 밝음으로 표현된다고 할 수 있다. 그러므로 풍수에 있어서는 밝음과 청결이 가장 중요시 된다. 색채도 마찬가지이다. 밝은 색은 운이 있는 색이고 검거나 어두운 색상은 흉상이다.

밝은 색은 마음을 움직이는 밝음의 기초가 되기 때문이다. 그래서 집안에 여러 가지 인테리어를 하기 위해서는 되도록 밝은 색을 택하라고 권한다. 밝은 색이 있으므로 밝고 깨끗한 마음을 만들기 때문일 것이다. 집안에 꽃을 장식하고 조명으로 환하게 비치고, 붉은 색이나 녹색, 황색이 들어 있는 그림을 벽에 걸고, 침대 시트나 잠옷에 꽃그림이 들어있는 옷을 입으라고 하는 것 등은 모두 이와 같은 이유 때문이다.

기분이 좋으면 좋은 기운이 발생하므로 좋은 운이 되고 금전운이 된다는 것은 빈 말이 아니다. 그래서 풍수는 환경을 밝고 아름답게

라는 이치를 우리에게 강하게 강조하고 있다. 그래서 사람에 있어서 가장 오랜 시간을 보내게 되는 집의 환경을 밝고 깨끗하게 하라는 뜻은 이 때문인 것이다.

돈이 없는 사람은 언제나 얼굴만 봐도 어둡다. 그러나 돈이 있는 사람은 언제나 밝다. 이것이 돈이 어디서 나온다는 것을 알게 하고 있다. 그러므로 마음을 밝게 하는 노력이 먼저 필요할 것이다.

기가 살아있고 죽어있는 것은 얼굴 표정에서 쉽게 나타난다. 그러므로 금운을 높인다는 것은 바로 기분을 밝게 한다는 데에 있는 것이다. 그래서 집안 곳곳에 밝은 색과 청결히 할 것을 권한다. 우리의 눈은 시각을 통해 색채를 분별하게 되는데 그 색채에 따라 마음의 움직임이 있다는 것이다.

풍수인 가정환경학은 인테리어가 행운과 연관이 있다는 것을 밝힌 것이므로 여기에는 적절한 처방이 필요하다. 우선 자신의 환경을 기에 맞게 바꿔주어야 운기가 열릴 수 있다. 고생하고 노력해야만 돈을 버는 것은 아니다. 물론 노력 없이도 된다는 것은 아니겠으나 자신이 가진 운기가 이미 사라져버렸기 때문이기도 하다.

풍수에서는 크게 두 가지 기인 양기와 음기로 나누고 있다.

집안의 환경을 좋게하려면 이 음양의 밸런스를 맞추어 주어야 한다. 음양의 밸런스는 음이 4, 양이 6일 때 가장 적합한데 이것을 주변 환경인 인테리어로 적당히 분배해 주어야 한다.

예를 들면, 여성은 남성보다 음의 기를 많이 가지고 있으므로 남성의 방보다는 여성의 방은 양의 기를 강하게 하지 않으면 안된다. 당연히 인테리어로 양을 높여 음과 밸런스를 맞추어야만 하는 것이다. 여기서는 중간계통의 색채로 운기를 흡수하게 되므로 그 방의 색채는 밝은 것을 택해야만 하는 것이다.

여성은 중간 색채로부터 운기를 흡수할 수가 있으므로 방안에 엷은 색채를 사용하는 것이 운기를 높이는 방법이 될 수 있을 것이다.

15
내 집 장만하기
인테리어

「서울은 만원이다」라고 하는 영화의 제목이 있었던 것을 기억하고 있다.

서울에는 1,500만이 육박하는 사람들이 모여 살고 있으니 이런 말이 나오는 것도 무리는 아니다. 서울 뿐만 아니라 전국의 대도시는 물론 지방 소도시에도 이렇게 인구가 늘어나고 있으니 점점 내 집을 갖기가 어렵게 되었다.

물론 대도시에는 많은 집이 있고 아파트군이 나날이 들어서고 있지만 아직 내 집을 갖지 못한 사람들이 적지 않다. 이 때문에 내 집 갖기를 소원하는 사람들도 점차 늘어가고 있는 추세이다. 이런 사람들은 한결같이

"내 집 한번 갖었으면……"

하는 소리가 날로 높아간다. 그러나 아무리 목표를 세우고 집을 장만하려 몸부림쳐도 그것이 쉽지가 않다. 치솟는 물가와 빡빡한 우리네 생활살이 실태, 이것이 내 집 만들기의 꿈을 쉽게 실현시켜 주지 않는 원인이다.

그렇다면 나는 영영 내 집을 갖을 수가 없는 것인가?

그렇지 않다. 풍수학에 있어서 「내 집을 손에 넣는 인테리어 방법」이 있다.

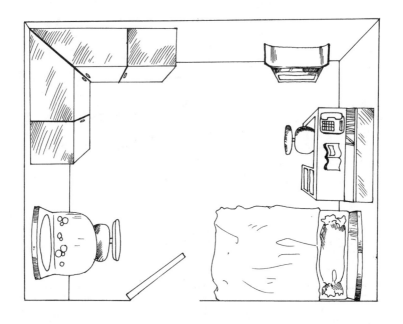

　그 방법은 역시 방의 방위 배치에 있다.

　4방위중 북쪽의 서향은 주로 집에서 가장 큰 장농을 놓는다. 그리고 동북쪽은 궤장(수납장)을 놓는다. 그리고 남서향에는 화장대를 놓는다.

　침대는 동쪽에 머리를 둔 남향으로 놓는다. 동쪽에 책상을 놓고 그 위에 관엽식물을 올려놓는다. 책, 전화기 등은 동쪽에 머리를 둔 남향으로 놓는다.

　위치상으로는 방 한가운데가 되는 곳에 작은 탁자와 의자를 놓고 그 탁자 위에는 스텐드를 놓는다. 다시 서쪽 벽에 여유가 있다면 노란색 과일그림 등을 거는 것이 좋다.

　내 집을 손에 넣는 방위는 주로 동북, 동남서, 북서쪽에 집중적으로 가구를 배치하는 것이다. 동쪽에 놓인 책상은 정보를 얻게되고 남서쪽은 부동산운, 북서쪽에서는 가족이 모두 한자리에 모이게 되어 단합된 힘을 보일 수 있다. 그리고 남서향에는 화장대를 놓게된다.

그러면 다시 이것을 방위별로 정리를 하면,

1. **북서**: 북서쪽으로부터 장농, 궤 순서로 놓는다. 가운데의 궤장 속에는 주로 귀중품을 간수한다. 벽에는 산으로 둘러싼 그림 같은 것을 건다.

2. **동북**: 큰 옷장을 놓고 하얀옷을 주로 넣어둔다. 그리고 관엽식 물을 올려놓도록 한다.

3. **동**: 책상을 놓고 그 위에 주로 주택정보지나 지도 혹은 전화 등을 올려놓는다. 정보를 빨리 얻어 듣기 위해서이다.

4. **동남**: 남쪽에 침대를 놓고 동쪽에 머리를 두고 잔다. 기운을 받기 위해서다.

5. **남서**: 화장대나 속옷을 넣어두는 작은 가구를 놓아둔다.

이렇게 하면 내 집을 갖을 수 있는 운기가 커져 소망을 쉽게 이루게 될 것이다. 물론 내 집을 갖기 위해서는 노력도 함께 병행해야만 하는 것은 당연하다. 그리고 가구배치에 있어서는 집의 중심을 구하는 것이 무엇보다 소중하다고 할 수 있다.

이렇게 가구배치와 노력을 함께 한다라고 하면 10년에 이루어질 내 집 갖기가 5년에 이루어질 수 있을 것이고, 5년에 이루어질 내 집 갖기라면 2년 반이면 틀림없이 이루어질 수 있다. 이렇게 주택의 인테리어는 자신은 물론 가족의 행운이 함께하여 그 소망을 이룰 수가 있다.

"노력하지 않는 사람은 먹지도 말라"라고 하는 말도 있듯이 풍수에 있어서도 노력하는 사람에게는 하늘이 스스로를 돌봐주게 되는 것이다. 그리고 온 가족 스스로가 힘을 다하고 생활풍수로서 내 집 마련의 꿈을 앞당기도록 노력해야만 할 것이다.

내 집을 갖는다라고 하는 것은 내 보금자리를 마련하는 것이므로 이것이 행운이 아니고 무엇이겠는가.

58

16
내 집 마련으로
月貰房 탈출하기

　아무리 허리띠를 졸라매도 점점 더 내 집 갖기가 어렵게 되고 있다. 매년 전세값이나 월세를 올려 주기에 바빠 저축은 꿈도 못꾸기에 소시민들의 내 집 마련의 꿈은 더 멀어만 가고 있다.

　IMF가 겨우 물러갔나 싶었더니 다시 기업의 구조조정이다 뭐다 하여 실업자가 100만에 달한다고 하니 우리 경제가 어디로 가는지 불안하기만 하다. 서민 경제는 이처럼 어려운데 당국은 후반기의 사정은 나아질 것이라고 하니 또다시 그 말을 믿고 기다려 볼 수 밖에…. 이 때문에 은행의 이자는 자꾸 떨어져 서민에게는 다행이다 싶으나 대신에 물가는 오르니 고통이 이만 저만이 아니다. 집도 전세물량은 없고 월세물량만 있으니 수입이 없는 시민에게는 이중의 고역이 아닐 수가 없다.

　가난한 봉급자들의 경우 한푼 두푼 저축을 해서 내집 마련을 이루는데, 요즘같은 물가에서는 아무리 애써 모아도 밑빠진 항아리라고 할 수가 있다. 이러니 내 집 마련의 꿈은 멀기만 하다고 할 수밖에…. 이럴수록 내 집없는 설움은 더더욱 절실해진다고 할 수가 있다. 복권이라도 맞아 공짜로 내 집이 생긴다면 그 이상 바랄 것이 없겠지만 이것도 일장춘몽에 불과하다.

　풍수에서는 내 집 마련을 위한 4방위가 있는데 그것은 동쪽, 북서

쪽, 동북쪽, 그리고 서북쪽이다.

동쪽은 원래 정보가 있는 곳이다. 이 정보를 잘 활용하는 것이 좋다. 아이들 특히 장남에게 활발성이 있으니 그 활기를 기대해 볼만하다.

북서쪽은 행운의 서광이 항상 넘치는 곳이다. 그러나 노인의 방이나 부부의 침실이 따로 있어야만 한다라고 하는 조건이 붙어 있다.

서남쪽은 원래 부동산운과 더불어 건강운이 있는 곳이다. 그러므로 이 부동산운을 잘 활용하기만 하면 내 집 마련의 꿈을 이룰 수가 있다. 마지막으로 동북쪽은 식당과 아이들방 그리고 각종 집기를 보관할 수가 있는 창고가 있다면 혜택을 받을 수가 있다.

이 4개의 조건이 들어맞으면 내 집을 마련할 수가 있는 기회를 얻을 수가 있게 된다. 그러나 이런 조건이 모두 갖추어 있지 않다고 하면 인테리어로 방위의 기를 부를 수 있는 조건을 만들 수 밖에 없다.

동쪽 창문은 아침 해가 들어오는 방위이므로 그 햇볕을 많이 받아들이면 좋다. 그러면서 오디오나 비디오 같은 전파가 있는 물건을 동쪽에 놓는다.

북서쪽은 색상인 칼라에 있어서 어둡지 않는 베이지 색깔이 좋으며 가구는 고급품을 사용하는 것이 기운을 얻을 수가 있다. 그리고 유가증권이나 토지문서, 은행통장, 각종 돈 서류 같은 것을 이 방향에 보관하는 것이 좋다. 이 방향은 돈이 잘 불어날 수 있는 방위이기 때문이다.

동북방향은 창문이나 문이 있으면 너무 오랫동안 밀폐하거나 닫아 놓지 않아야 한다. 인테리어 소품색은 주로 흰색깔로 한다.

이렇게 4방위에 신경을 쓰고 최선을 다할수만 있다면 내 집 마련의 꿈은 그리 어렵지 않게 다가올 수 있을 것이다.

물론 방위의 기운에만 의지할 수는 없다. 내 집을 갖기 위해서는 무엇보다 생활비라고 할 수 있는 지출을 최대한 줄이고 저축을 착실하게 해야만 한다. 그 다음은 동, 북서, 동북, 남서 이 4방위에 대한 철저한 관리가 무엇보다 소중하다고 할 수 있다.

내 집 마련의 실현 꿈은 모두 이 4방위에 들어 있기 때문이다. 그러므로 이 4방위 하나하나를 기계의 부품을 챙겨 나가듯이 챙겨나가는 것이 무엇보다 소중하다고 할 수 있다.

이 4방위만 잘 챙겨 나간다면 비록 사회경제나 개개인의 가정경제가 어렵더라도 내 집을 손에 넣는 방법은 그리 어렵지 않을 것이다.

내 집을 마련해 주는 행운은 위에서 말한 방위가 모두 책임을 진다. 그러니 각별히 이 방위에 대해 관심을 갖고 힘을 다하는 것이 옳다고 할 수가 있다.

지성이면 감천이라고 이러한 노력에 최선을 다한다면 내 집 마련은 반드시 이루질 것을 확신할 수 있다.

황종찬 박사의
생 활
풍 수

17
귀문(鬼門)과
이귀문(裏鬼門)

귀문(鬼門)이란, 귀신이 드나드는 방위를 말한다. 귀관(鬼關) 혹은 귀성(鬼星)이라고도 하는 데 풍수의 8방위에서 가장 꺼리고 조심하는 방위이다.

귀문에는 표귀문(表鬼門)과 이귀문(裏鬼門)의 두 귀문이 있다. 표귀문은 북동 방위를 말하고 이귀문은 그 반대 방향인 남서 방위를 말한다.

북동 방위인 표귀문은 축인(丑寅) 방위에 속한다. 시간으로 말하면 한밤의 이른 새벽 3시경이다. 즉, 삼라만상이 깊이 잠들어 있는 축삼의 시간이라 할 수 있다. 북동은 지구상의 모든 생명의 활동 출발점이다. 또 돈이 굴러 들어오는 금운(金運)이 있는 방위이다.

남서 방위인 이귀문은 미신(未申)에 속하는 방위이다. 양과 잔나비의 시간인 오후 3시경이다. 이 시간은 하루중 열심히 일하다가 일손을 잠시 놓고 쉬어가는 휴식의 시간으로 정신적으로는 침착성을 느끼는 방위이다.

그러나 이 방위들은 모두 귀신이 드나드는 방위이므로 언제나 경건하고 조심해야 한다. 특히 이 방위에 있는 곳에는 각별한 신경을 써야 한다.

만약 이 방위에 화장실이나 욕실 또는 연못 등이 있다면 풍수학적으로 가장 좋지 않다고 할 수 있다. 환경학적으로 볼 때 우선 냄새가 있을 것이고, 습기가 있을 것이다. 결국 건강을 해치는 것은 당연한 결과이다. 이것을 역학적으로 말하면 부정(不淨)이라 할 수 있다.

이 방위에 화장실이 있다면 인테리어 등으로 이 부정을 사전에 차단해야 한다. 건강을 해친다는 것은 육체적·정신적 부정을 입게 되는 것이므로 액운이라 할 수 있고, 액운은 곧 흉운이 될 것이다.

현대의학에서도 화장실은 세균이 가장 많고 오염되기 쉬운 곳이므로 청결하게 관리해야 한다. 또 중년기 이후 뇌졸중 등으로 가장 많이 쓰러지는 곳도 화장실이다. 이런 화장실에서의 피해를 우리 선조들은 흔히 '주당귀신이 노했다'고 표현하고 있다. 또 외부에 나가 교통사고나 낙상해서 몸이 다치는 것은 이 귀신이 노한 탓이라 하였으니 반드시 표귀문과 이귀문 귀신의 노여움을 사는 일을 사전에 방지해야 할 것이다.

건강을 해치는 것은 불행의 시초인 동시에 금운과도 멀어진다는 것을 항상 염두에 두고 각별히 이 방위에 부정이 있다면 인테리어 등으로 막고 어루만져 주어야 할 것이다.

제 **2** 장
금전운과 풍수

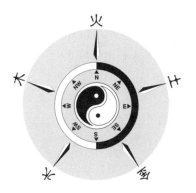

황종찬 박사의
생활풍수

1
서방위(西方位)는
황금운을 불러온다

집의 중심에서 가장 황금운이 높은 곳은 서방위(西方位)이다.

서쪽은 가족의 서열로 말하면 아버지, 혹은 가장에 속한다. 이것을 인체에 비유하면 머리나 뼈에 해당된다.

5행의 성격은 금(金)에 속한다. 그래서 그 의미를 「금전, 물질, 수확」 같은 말로 표현하니 한 마디로 서쪽은 황금운이 있는 곳이다.

8괘의 부호는 건(乾)으로 자연계에서는 「하늘」이다. 스스로 하늘이 돕고 있는 방향, 돈이 있는 곳, 황금운이 있는 곳이다. 이 방위를 설명하자면 물질로서 혜택을 받고, 가족은 늘 화목하며 화기애애하고 금전을 저축할 수가 있는 곳이라 설명할 수 있다.

또 한편으로는 「희열, 쾌락, 윤택, 부귀」가 있어 사람마다 가슴속에 이 기운이 요동한다고 할 수 있다. 가령 소매나 아니면 사업을 이 방위에서 한다면 기운이 충만해서 손에 언제나 큰 돈을 주무를수가 있다.

예를 들어, 직장에서 봉급생활하는 사람이라면 월급 말고도 따로 수입이 있는 한마디로 노른자위라 할 수 있다. 이것 말고도 서쪽에 위치해 있는 사람이라면 인품이 원만하고 성격은 쾌활하여 언제나 이웃이나 동료간에 칭찬을 받고 있다.

그러나 좋은 것만 있는 것은 아니다. 이 방위의 나쁜 운은 좋은

운의 반대라할 금전부족으로 어느 때나 초조해하고 태만성도 있어 자신에게 돌아올 좋은 운을 스스로 내쫓고 있다고 할 수 있다.

그러므로 만약 이 사람이 사업을 하고 있는 사람이라면 안일한 생각만 가지고 노력을 하지 않아서 경제파탄을 가져올 수도 있다.

이는 대개가 지나친 과욕 때문에 일어난다고 할 수 있다.

한편 놀기 좋아하고 모험심이 있어 경마, 도박, 증권 등에 자주 고개를 내밀게 되어 낭패를 보게 된다. 손해를 크게 당할 수 있다는 것이다.

무엇보다 길상에서 손에 돈을 쥐었으므로 헤프게 쓰게 된다. 그러므로 낭비벽의 사람이 많은 것도 이 서쪽 방위라 할 수가 있다.

높은 고개가 있으면 이제는 낮은 곳으로 내려갈 수 있다는 것과 같은 것이다. 서쪽 방위가 황금운으로 손에 돈이 들어왔다 하더라도 흥청망청 돈을 써버리는 기질이 있으니 실속은 없고 망하기가 쉽다.

그러므로 돈이 손에 들어왔을 때 낭비없이 잘 저축하고 알뜰하게 사는 것이 가장 적절하다고 할 수 있다. 그것이 황금운이 있는 서방위에 대한 보답이자 신의이다.

돈이란 놈도 신의를 잘 지키는 사람을 좋아해서 따르는 것으로 되어있다. 집안에서 서쪽 방은 노인이 주로 사용하면 좋다. 그러나 서쪽에 부엌(주방)이 있다면 결코 좋은 것이 아니다.

서쪽의 지는 해는 주방에 있는 음식을 쉽게 부패시키기 때문이다. 이 때문에 주방이 서쪽에 있으면 놀기를 좋아하고 낭비가 심하게 되어 돈이 모이지 않고 오히려 쪼들림을 당하게 된다.

화장실이 이 방향에 있으면 호흡기 질환을 앓기가 쉽다. 그리고 소화기 계통이라고 할 위가 나쁘며 결혼운이 좋지 않다고 할 수도 있다. 그리고 욕실이 서쪽에 자리잡고 있으면 부인의 외출이 잦고, 탈선위험이 농후하므로 사전에 이를 철저하게 경계해야만 한다.

공부방이 서쪽에 있다면 그리 나쁘지 않고 면학에 있어서도 지장이 없다.

서쪽의 나쁜 기운을 없애는 방법은 과연 무엇일까?

먼저 현관을 청결하게 하고, 화장실은 어둡지 않도록 밝게하는 것이 좋다. 대부분의 가정은 화장실이 어두운 것이 보편적이나 이럴 때 음이 성하게 된다. 이를 중화하기 위해 밝은 불을 켜서 양을 도와야만 한다.

거실 역시 아늑하며 평화롭고 생기가 넘쳐야 한다. 거실은 황금과 연관이 있는 곳이기 때문이다. 침실은 아늑하고 밝은 편이 좋다. 색상은 주로 베이지색이 어울린다. 창문 커튼은 노란색 커튼에 꽃무늬가 새겨진 커튼이면 좋다.

이렇게 하나하나 개선해 가면 서쪽은 확실히 황금운이 있는 방위가 될 것이다.

2 먹는 음식에도 황금운이 따른다

"밝은 색에는 밝은 기운이 있다"라는 말이 있다. "운이 없다, 혹은 운이 나쁘다"고 느껴진다면 이는 음양의 밸런스가 깨어졌기 때문이다. 음은 여자이고 양은 남자인 것 같이 먹는 음식에도 음과 양이 있다.

우리가 평소 즐겨먹는 음식은 양의 음식보다는 주로 음의 음식을 많이 먹고 있다. 의복에도 음양이 있는데 음인 여성이 밝은 색상으로 아름답게 꾸미는 것은 양을 받아들여 밝게 보이려는 시도라고 할 수 있다.

그래서 여성들은 남성들보다 밝은 빛의 옷을 즐겨 입는 것이라 할 수 있다. 특히 기가 머무르는 가슴을 밝은 색상의 옷으로 가리고자 하는 것은 운이 좋기를 바라는 마음 때문이라 할 수 있다.

근래 필자가 자주가는 인천 간석동의 한 사무실이 있다. 노란색상은 돈을 몰고오는 색상이라고 일러주었더니 이 회사의 여자부장은 주말마다 꽃시장에 들러 꽃을 사다 장식하는 것을 보았다.

특히 꽃중에서도 돈의 색은 황금색이라 했더니 주로 황금색으로 된 꽃이나 아니면 노랑꽃이 피는 화분들을 사장님의 책상 가까이 놓는 것을 보고 회사를 위한 그 열성이 대단하다고 생각했다.

색상에 대해 간단히 설명하면,

1. **붉은색** : 일운에 효과가 있다. 특히 발언력이 강하다.
2. **블루** : 일운에 효과가 있다.
   젊어지고 싶다면 여성의 경우 가능한 분홍빛 색상이 좋다.
3. **연두색** : 아름답게 된다. 직감력이 오르고 인간관계 향상.
4. **녹색** : 침착하다. 사람과 잘 어울린다.
5. **핑크** : 연애운에 효과가 있다. 기분을 밝게한다.
6. **오렌지** : 사교운, 결혼운, 인연 전반에 효과가 있다.
7. **노랑** : 금운에 효과가 있다. 즐거운 기분이 든다.
8. **흰색** : 무난하다는 의미, 기운을 조정한다.

로 되어 있다. 예를 들면 주방과 식당을 겸한 식탁 위에 노랑참외, 바나나, 사과, 자두 같은 노란색, 그리고 붉은 색상의 과일을 작고 예쁜 광주리에 담아 올려놓은 것을 간혹 볼 수 있는데 이것도 그런 의미가 담겨 있다고 할 수 있다.

금전운의 색상은 황금색 그리고 노랑색이다. 옷도 물론 노랑색 계통이 금전운을 가져다 준다고 믿고 있다.

음식에도 색깔이 적용되는 데 닭고기, 쇠고기 같은 음식이 파워가 있다. 그리고 프라이드 치킨이나, 아니면 스테이크 등도 여기에 속한다. 이밖에 노란색 음식으로는 유부(황금색), 계란구이 같은 것도 있다.

노란색이라는 점에 있어서는 카레도 이에 속한다. 카레의 경우에는 향료가 지나치게 자극적이라 주저하지만 여하간 사업운을 높여주는데에 있어서는 틀림이 없다.

그리고 비프카레, 치킨카레 등은 금전운에 보다 좋은 음식으로 널리 알려져 있다.

음식은 이렇게 색깔도 중요하겠지만 맛과 향기 그리고 이 색의 세 가지가 어울려 조화가 이루어질 때 우리의 구미력을 돋우게 되는 것이다.

한마디로 음식의 색상은 기를 끌어들여 식욕을 자아내게 하여 사람에게 건강을 안겨 주는 것이다. 그렇다고 별로 좋아하지도 않는 음식인데 노랑색이라 하여 억지로 먹는 것은 좋지 않다.

5행상으로 보면 신체의 5장과 연관이 있어 싫고 좋아하는 음식이 있기 마련이다.

심장은 화(火), 빨간색, 여름, 쓴맛에 해당이 된다.

비장은 토(土), 노란색, 늦여름, 단맛과 관련이 있다.

폐는 금(金), 흰색, 가을, 자극적인 맛에 해당이 된다.

간장은 목(木), 초록색, 봄, 그리고 신맛과 관련이 있다.

신장은 수(水), 검은색, 겨울, 짠맛에 해당이 된다.

예를 들면 신장은 수라고 하였다. 수는 검은 색깔로 수(水)를 보완해 주는 목(木)의 초록과 금(金)의 흰색으로 만들어진 음식을 섭취해야만 한다.

이렇게 각기 체질이 다르므로 자신에게 합당한 색상의 음식을 먹는 것이 중요하다. 다만 노랑이나 황금색은 돈과 인연이 깊다고 하는 것만 명심해야 한다고 할 수가 있다.

3
돈이 붙지않는
서, 북, 동북의 데미지

데미지(damage)라고 한다고 하면 "치명적 타격"이라는 의미를 내포하고 있다. 집안으로 들어온 운기가 방위에 의해 타격을 입고 돈이 모여지지 않는다면 이런 데미지를 주는 곳을 찾아 개선할 필요가 있을 것이다.

데미지를 안겨 주는 곳은 집안에 세 곳이 있는데 첫째는 **화장실**, 둘째는 **주방**, 셋째는 **욕실**이다.

집의 중심에서 북쪽에 데미지가 있으면 돈이 모여지지 않는다. 이런 곳은 돈을 함부로 쓰지 않는데도 돈이 발이 달린 것처럼 저절로 빠져 나가고 만다.

「부자가 되는 길은 돈을 쓰지 않는 것 뿐이다」라는 말이 있는 것을 보면 돈을 모으고 부자가 되자면 구두쇠가 되지 않고는 안된다. 그러나 구두쇠 소리만으로 가두어둔 돈이 빠져 나가지 않는다면 좋겠지만 자꾸 돈 쓸일이 생겨나 없어지는 것은 어쩔수가 없다.

이와 같은 이유는 서, 북, **동북**의 데미지가 원인으로 여기를 자세하게 지켜볼 필요가 있다. 이곳의 데미지가 당신의 황금운을 억제하고 있기 때문이다. **화장실**, **주방**, **욕실**의 셋 중 어느 한 곳이 서, 북, 동북 방위에 위치해 있다면 이것이 원인이다.

되도록 이 방위에 세 곳이 있어서는 안될 것이다. 그렇다고 이 방

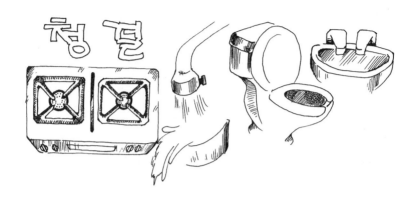

위에 있는 부분을 쉽게 개조할 수도 없고 어떻게 할 수가 없을까.

만약 북쪽에 이와 같은 데미지라할 화장실, 주방, 욕실이 있다고 하면 오렌지 색상이나 핑크빛 색상의 수건이나 타올을 배치하고 여기에 슬리퍼 같은 것을 반듯이 배치하면 좋다.

예를 들면, 화장실에는 화장실용 슬리퍼, 주방은 주방용 슬리퍼, 욕실은 욕실용 슬리퍼가 필요하다. 그리고 서쪽에 데미지가 있으면 가족들이 자꾸 놀기를 즐겨해서 외출을 자주하게 된다. 외출을 많이 하다보면 돈이 쓰여지고 낭비가 있기 마련이다. 이것을 예방하고 막자면 서쪽 창에 노란 커텐을 쳐서 서향볕을 차단시키는 것이 좋다.

그리고 동북에 데미지가 있으면 의외로 쇼핑을 많이 하게 되는데 필요치 않은 물건을 사들이는 낭비를 하게 된다. 이런 동북쪽 데미지는 주로 백색 인테리어가 어울린다고 할 수 있다. 그뿐만 아니라 여기에 먼지나 오물이 있어서 쌓여 있다면 아무리 열심히 노력을 해도 돈이 모이지 않는다.

그러므로 언제나 깨끗하고 청결하게 해야만 할 것이다. 주방, 화장실, 욕실 등은 쉽게 더러워지는 곳이므로 언제나 깨끗하고도 청결한 곳으로 만들어야 할 것이다.

그리고 이 곳은 수기(水氣)와 화기(火氣)가 함께 하는 곳이므로 여간 조심하고 신경을 쓰지 않으면 안 된다.

5행상 「수극화」이기 때문에 그렇다. 주방은 음식을 조리하는 곳이므로 오염이 많은 곳이고, 화장실과 욕실은 배설의 오물과 물이 있어서 이를 자칫 방치하면 나쁜 습기가 되어 집안 전체를 수기로 휘감게 된다.

만약 욕실에 목욕을 한 후 그대로 물을 빼지 않고 두는 것은 큰데미지가 될 수 있다. 그리고 욕실의 물을 덥히는 보일러나 전기같은 것도 큰 타격이 되는 것이니 여기에 관심을 쏟지 않으면 안된다. 그중에서도 주방 가까이 있는 싱크대는 오염되기 쉬운 곳이므로 청결하게 하고 또 불(렌지)과는 되도록 멀리 떨어져 놓는 것이 안전하다고 할 수 있다.

싱크대에는 설거지를 하지 않고 그대로 그릇 같은 것을 방치하기쉬운데 이렇게 해서는 안된다. 즉시 그릇을 닦고 주변을 깨끗하게 해야만 한다.

주변 환경이 청결하고 깨끗하면 마음도 청결하고 기분이 좋다. 그러나 주변환경이 지저분하고 가까이 오물이 있으면 기운은 이를 싫어해서 피하게 된다.

이것이 곧 데미지인 것이다. 그래서 돈이 잘 모이지 않고 설사 벌었다하더라도 자꾸 돈이 쓸 일이 생겨나 어렵게 되는 것은 집안의 이런 데미지 때문인 것이다. 그래서 이 데미지를 찾는데 노력하는 것이 좋을 것이다.

데미지의 원인을 알게 되면 해소할 방법이 있을 수 있기 때문이다. 물과 불, 그리고 오염, 이것은 황금이 가장 싫어하는 것이다. 그래서 일부러 피하게 되는지 모른다.

돈이 붙지 않으면 서, 북, 동북의 데미지를 찾아서 해소하도록 노력해야 한다.

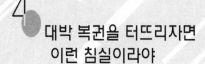

4 대박 복권을 터뜨리자면
이런 침실이라야

　요즘 세간에는 「작은 손은 복권을 노리고, 큰 손은 주식을 노린
다」라는 말이 나돌고 있다.

　결국 이런 횡재를 바라면서 살고자 하는 사람들이 적지 않다고 하
는 것이다.

　얼마전 한 연예인 장모가 미국에 건너갔다가 라스베가스의 도박장
에서 수백억원을 땄다고 해서 화제가 된 일이 있었다.

　하물며 돈에 포원해졌다라고 말할 수가 있는 우리 서민들은 어디
'하늘에서 대박 돈벼락이라도 맞았으면' 하고 바라는 사람들이 한둘이
아닐 것이다. 그래서 근래와서는 가정을 지키는 주부들까지 도박을
하다가 경찰에 연행된 TV화면을 보면서 '돈 앞에서는 역시 남녀노
소가 따로 없구나' 라는 생각을 해보게 된다.

　80년대 말까지 김포국제공항 경찰대장으로 근무했던 문우 L씨는
주택복권에 당첨되어 한꺼번에 목돈을 손에 쥐어본 일이 있었다. 이
돈으로 당시 변두리 개발지구에 땅을 사놓았는데 그것이 값이 올라
재산 형성에 큰 도움이 되었다.

　하기사 공직자의 쥐꼬리만한 봉급으로 아들딸 학교공부 시키기가
힘든 형편이었으니 이런 행운의 복이 있었기에 망정이지 만약 이것
마저 없었다면 노후가 어땠을까 하고 가끔 지난일에 대한 회한을 더

듣기도 한다.

　그러나 지금도 간혹 이분과 함께 길을 거닐다가 갑자기 보이지 않아 주위를 살펴보면 뒤처져 길가의 복권가게에서 주머니를 톡톡 털어서 복권 몇 장을 사드는 것을 종종 본 일이 있다. 그리고는 그 옛날의 행운을 다시 한번 상기하는지 소중히 복권을 지갑속에 조심스럽게 넣는 것을 보았다.

　사람에게는 횡재라는 것이 일생에 3번은 있는 것으로 알고 있다. 그 기회를 잘 잡으면 횡재를 하고, 이 횡재돈을 잘 활용하면 잘산다고 할 수가 있다. 그러나 이런 기회를 꽉 붙잡지 못하고 그대로 흘려버리면 가난 그대로를 면하기 어려운 것이다 .

　그래서 사람들은 너도나도 앞다투어 행운잡기에 열을 올리고 있는 것인지도 모를 일이다. 원래 부자도 세상에 태어날 때부터 부자는 없을 것이다. 다같이 맨손 맨몸으로 왔다가 운좋게 돈 대박을 맞아 거부가 된 것일 것이다.

　지난날 삼성재벌을 이끌고 창시한 이병철씨도 그랬고, 얼마전 타계한 현대재벌 총수였던 정주영씨도 그러하다. 집에서 가친이 소 3마리를 팔아놓은 돈을 갖고 월남해서 현대신화를 창조했기 때문이다.

운기를 잘 활용해서 돈벼락을 맞았기 때문이다. 이렇게 거부가 된 것은 순간의 기회라고 할 수 있는 운을 잘 포착했기 때문이라 할 수 있다.

풍수학적으로 본다면 대개 동쪽에 창문이 있고, 남쪽에 또 다른 창문이 있으며 큰편에 속하는 방에 있다면 이런 사람은 행운의 복권에 당첨될 확률이 높다. 그 이유는 동쪽은 아침해가 솟는 방향이므로 그 기운이 넘치게 된다.

또 남쪽창은 영감을 키워주는 곳이므로 무슨 계획을 수립하면 다 잘 들어맞게 되어 있다. 이 동과 남의 운기가 합하면 행운을 몰고 온다고 할 수가 있다. 이것은 방 방위에 대한 일반적 개념이다. 좀 더 세부적으로 들어가서 침실을 어떻게 인테리어할 때 복권에 당첨이 되어 큰 행운을 몰고올 확률을 높일 수 있을까? 다음과 같이 방 안의 위치 인테리어를 실시해 보자.

▶**북-동북**: 골동품류의 궤나 아니면 반다지 장롱을 놓고, 귀금속이나 아니면 은행통장 등을 그린색 보자기에 싸서 넣어둔다. 그 옆으로 책상이나 화장대가 있으면 더욱 좋다.

▶**동**: 오디오, CD, TV 등 전파를 타는 가구배치를 하면 좋고 창문 아래는 관엽식물 한 쌍을 놓으면 더더욱 좋다.

▶**남**: 빨간 꽃이 피는 화분이나 아니면 빨간색 갓이 씌어진 스텐드를 한 쌍 놓으면 좋다.

▶**남서**: 골동품류의 고급책장이나 가구를 놓는다.

▶**서북**: 침대를 놓고 북쪽을 향해 베개를 두고 잔다. 서쪽벽에는 무르익는 가을 풍경화 한 점을 건다.

이렇게 하고 복권에 투자하면 당첨될 확률이 상당히 높다. 단 정확히 집안 중심을 잘 잡아야 한다.

황종찬 박사의
생
활
풍
수

5
금전운, 저축을
지배하는 곳은 주방이다

흔히 부엌이라 부르는 주방은 어느 집에나 있기 마련이다.

중요한 것은 주방의 방위와 환경에 따라 금전운과 저축 여부가 결정된다는 것이다. 과거의 단독주택은 부엌이 따로 있었으나, 근래와서는 대부분 주방이 거실과 붙어 있는 경우가 많다. 그러나 이런 실내 주방도 그 방위와 환경에 따라 집의 금전운이 각기 다르게 된다.

아무리 애써 돈을 벌고 저축을 해보려고 애써봐도 돈이 모이지 않고 저축이 되지 않는 것은 무슨 이유일까? 이때는 우리 집 주방은 어떻게 되어 있는가를 면밀하게 살펴 볼 필요가 있을 것이다.

우선 물과 불이 있는 곳이 부엌이다. 5행상 물은 '수'이고 불은 '화'이다. 그러므로 「水克火」여서 불은 물을 싫어하니 자연 상극이 된다. 되도록 주방에서 물과 불은 가까이 두어서는 안 된다.

또한 오염되어 있어서도 안 된다. 금전운을 잃게 되기 때문이다. 그래서 물과 불이 있는 거리는 최소한 90㎝ 이상 떨어지지 않으면 흉상이라 할 수 있다.

대부분 가정은 싱크대가 있고 그 싱크대 위에 수도꼭지와 가스렌지가 있는 경우가 많은데 이렇게 가까이 있으면 좋지 않다는 것이다. 집의 중심에서 살펴보면,

▶북방위 : 진북에 가스렌지를 놓아서는 안 된다. 이런 위치의 가

정은 주부가 고혈압, 신장병을 앓게 된다. 그리고 가장이 편안하지 못하고 의견이 각각이다.

▶**동북방위**: 이 위치에 싱크대가 위치해 있으면 돈이 모여지지 않는다. 물같이 흘러 나가기 때문이다. 아이들의 집중력도 감퇴되고, 건강도 좋지가 않다. 이것을 피하자면 무엇보다 주방의 청결이 가장 중요하다.

▶**동방위**: 주부의 원기가 왕성하다. 하지만 낭비벽이 심하다.

▶**동남방위**: 악취나 먼지, 오물 등이 가장 해로우므로 청결하게 하는 것이 중요하다.

▶**남방위**: 돈의 씀씀이가 대단히 많아진다.

▶**남서방위**: 여성이 쉽게 지치고 늙게 된다.

▶**서방위**: 돈이 많이 들어오기는 하나 대신에 침착하게 잘 간수하는 것이 또한 중요하다.

▶**북서방위**: 집안의 주도권을 여성이 잡는다.

이렇게 주방의 위치에 따라 각각 운세가 달라지는데 이는 주방에서 조리한 식사를 먹고 활동하여 기운을 얻기 때문이다.

특히 동쪽과 동남쪽에 창문이 있어서 햇살이 비쳐 들어오게 된다고 하면 더 좋을 수 있다.

동쪽 기운은 기를 한껏 북돋워 주기 때문이다. 주방은 원래「금운, 저축운, 주부의 건강」등을 주관하는 곳이다. 그런데 주부가 정신적으로 피곤하거나 아니면 집안에 돈이 모이지 않으면 주방에 이상이 있는 것으로 짐작하고 한시 빨리 개선해야만 할 것이다.

일반적으로 우리는 부엌하면 단순히 식사를 조리하는 곳으로 알고 있으나 집에 따라 식탁을 겸하는 곳도 많다.

즉, 주방이자 부엌이요 부엌이자 식탁이 주방이 되어 있다. 그래서 이 주방은 거실과 함께 가족이 모두 모이는 곳이기 때문에 가장 중점이 되어야 할 것은 즐겁고 화목해야만 한다는 것이다.

분위기는 우아하고 청결해야 하기 때문에 외제 수입 장식품 같은 것이 좋겠지만, 그렇지 않다면 우리 것이라도 중후한 나무로 만든 장식을 갖추어야만 좋다.

가령 주방의 가구라고 하면 그릇장과 식탁, 의자 등이 여기에 속한다. 이렇게 좋은 장식일수록 원기가 왕성하므로 황금운이 활발하다. 색상은 주로 흰색, 그린색, 황색, 오렌지색이면 더욱 좋다. 만약 주방이 귀문(鬼門; 북동) 방위에 들어 있으면 흰색, 황색 등으로 단장하면 좋다. 그리고 안정된 수입을 원한다면 그린색이 이상적이라 할 수 있다.

신혼이나 아니면 젊은 부부의 가정이라면 어느 쪽이든 이 색상이 어울린다 하겠다. 주방은 곧 분위기와 황금운이 좌우한다는 사실을 명심해야만 할 것이다. 만약 주부가 병에 걸려 있거나 아니면 요리를 조리할 기력이 없어 병석에 누웠다고 하면 이는 분명히 건강에 이상이 온 것이다.

이는 곧 주방의 오염을 뜻하게 된다. 다시말해 싱크대가 오염되었을 가능성이 높은 것이다. 그러므로 렌지와 싱크대는 반드시 멀리 떨어져 있어야만 하고 렌지는 청결해야만 한다.

청소를 오래하지 않으면 음식물이 넘치고 기름때가 묻기 쉽다. 가정에서 가장 관심을 가져야할 곳은 주방이다. 깨끗하고 청결해야만 금운이 있고 돈이 쌓이게 된다.

이런 사실로 볼 때 풍수는 비과학적이 아니고 오늘에 있어서 필히 알아야 할 생활환경학이라 할 수 있겠다.

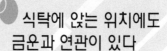

식탁에 앉는 위치에도
금운과 연관이 있다

옛날 우리가 살았던 단독집의 경우 부엌이 따로 있었고 식탁이란 것은 없었다. 대개 안방이나 마루에 상을 펴고 둘러앉아 식사를 하였다. 그러나 현대의 주택은 대개 주방에서 식사를 조리하고, 이 조리한 음식을 주방에서 가까운 곳에 식탁을 두고 가족이 둘러앉아 식사를 하게 된다.

그래서 옛날 부엌이던 곳이 주방이고, 주방인 곳에 식탁이 놓여져 있어서 주방하면 부엌과 식탁을 함께 떠올리게 된다. 이것은 부엌에서 옛날같이 나무를 때서 방을 데우는 그런 구들식이 아니므로 기름이나 가스로 불을 대신하게 되었으니 집안에서 모두 처리하게 되었기 때문이다.

식탁은 음식을 놓고 먹는 자리라 할 수 있는데 옛날에는 '소반(小盤)'이라는 작은 상에 음식을 차려 놓고 먹었다. 또한 '둘레판'이라고 하여 둥근 판을 상으로 하고 둘러앉아 먹었다.

그런데 오늘날은 서양식을 닮아가서 대부분 가정에서 식탁을 두고 의자에 앉아 식사를 하게 된다. 그런 식탁이 가정의 금운과 관련이 있다라고 하면 놀랄 사람들이 없지 않을 것이다. 하지만 분명 식당의 모양, 앉는 자리 또 조리상의 치장에 따라 그 집의 금운 여부가 결정이 된다. 먼저 식탁의 방위는 대게 주방운과 동일시 된다.

그러나 주축이 되는 식탁은 되도록 고급스러운 식탁이라야만 금운이 따른다고 할 수 있다. 그래서 원목으로 식당의 분위기를 압도할 정도의 무게가 있다면 더욱 좋을 것이다. 특히 미국쪽에서 수입된 가구라면 더욱 좋은데 이것은 미국이 한국에서 동쪽방향이라고 볼 수 있기 때문에 그렇다.

동쪽 기운의 식탁에서 조리한 음식을 가족이 둘러앉아서 먹는다고 한다면 가족의 건강은 더할나위 없을 것이며 건강운은 금전과 바로 직결이 되어 있기 때문에 금전운 또한 좋아지게 된다. 또한 식탁은 네모난 식탁이 보편적인데 4방 모서리가 유난히 뾰쪽해서는 좋지 않다. 이 모서리에 걸릴 염려도 있거니와 금전운에도 걸리는 상처가 될 수 있기 때문이다. 식탁의 발은 4개라야 안정되어 좋다.

또한 원탁형 식탁도 있는데 이것은 원만해서 좋다고 할 수 있다. 둥글다고 하는 것은 가족이 다함께 무난하다는 결과도 되지만 동그라미라는 것은 돈의 상징이므로 좋다고 할 수 있는 것이다. 이런 점을 고려하여 신혼의 부부라면 사각의 식탁보다는 가능하면 원탁형 식탁이 좋을 것이다.

다음은 의자이다.

식탁의 의자 역시 네발이 안정되어 있는 나무 말굽형 의자가 좋은데 가장인 주인의 의자는 팔거리가 있는 가장 무게 있는 것이 좋다. 권위를 상징할 수 있기에 그렇다. 가죽이나 비닐인 것보다는 목면천이 좋다고 할 수가 있다.

목면천에 꽃무늬나 아니면 열십자형 무늬천이 들어 있다면 한마디로 금상첨화(錦上添花)라 할 수 있다.

다음은 가족이 앉는 위치인데 가장인 남편은 북쪽의 자리가 좋다. 북쪽은 금운을 저장할 수 있는 자리이기 때문에 그렇다. 그러나 반대로 주부가 서방에 위치해 앉으면 이 집의 영향력이 저절로 주부에게 많이 가게된다.

서쪽은 금운의 기운이 있는 곳이므로 돈을 많이 만지는 주부라면 저절로 낭비벽도 생겨날 수 있다. 아이들은 어느쪽이나 무난하나 장남은 특히 동쪽 자리에 앉으면 더욱 좋다. 동쪽 기운을 받으면 원기가 왕성할 수 있으므로 기운이 가정 전체에도 미치게 된다.

▶북방위 ─ 북쪽의 식탁은 가족이 단락하고 금운이 점점 쌓여가는 위치이다. 식탁의 벽과 천장은 베이지색의 엷은 색이나 핑크 또는 흰색상이면 분위기를 따뜻하게 할 수 있어서 가족이 화목하다.

▶동북방위 ─ 식당과 차실을 겸하면 좋다. 어두우면 좋지 않고 조명이 밝으면 대길이라 할 수 있다.

▶동방위 ─ 동쪽은 가족전체가 건강하고 금운도 사업운도 따르고 있어 대길이라 하겠다. 창가에 관엽식물을 두면 좋다.

▶동남방위 ─ 겨울은 따뜻하고 여름은 시원한 바람이 들어 식탁에 가족이 둘러앉아 즐거운 담소로 식사를 하면 개방일체감으로서 운이 따른다. 이 방위에 창문이 2개 있으면 더욱 금운이 좋다고 할 수가 있다.

▶남방위 ─ 큰 관엽식물을 남쪽에 배치하면 좋다. 식당이 좁고 바람이 들어올 창문이 없다면 커텐색은 그린이나 오렌지 색상이 좋다. TV의 위치는 남동 사이에 놓는다. 북쪽에 그릇장을 놓는다.

▶남서방위 ─ 전자기기 같은 것을 테이블에 절대 놓아서는 안된다.

▶서방위 ─ 식탁 위에 꽃이 떨어지지 않도록 장식하면 금운이 높다.

▶서북방위 ─ 식탁과 거실을 함께 사용하면 벽에 조상이나 가족 사진을 걸어두면 금운이 높아진다.

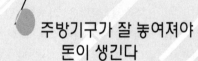

7 주방기구가 잘 놓여져야
돈이 생긴다

주방은 금운과 결정적 연관이 있는 곳이다. 불과 물이 있기 때문이다. 밥을 짓고 반찬을 조리하기 때문에 이것은 필수적이다.

우리말에 '불같이 일어난다'라고 하고, '물은 갈증을 푼다'고 해서 두 가지 다 재물을 상징하고 있다. 그러나 물과 불은 수극화(水克火)라고 하여 5행상 함께 있으면 안 된다.

자칫하면 길상이 아니고 흉상이 되기 쉽다. 그래서 돈이 모이기는 고사하고 자꾸 빠져 나가는 일이 생기니 돈이 쌓일 운이 없게 된다. 그러므로 싱크대 위에 렌지가 있는 주방이라면 적어도 90cm 이상은 떨어져 있어야 안심할 수 있다. 그리고 주방이나 식탁으로 함께 사용하는 한켠에 냉장고가 있는데, 이때 전자렌지 같은 것을 옆이나 아니면 위에 올려놓는 것은 삼가해야 한다.

냉장고는 수이고 전자렌지는 화이기에 그렇다. 이때는 어울리지 않는 물과 불의 기운이 반란을 일으켜 재물이 빠져나가게 된다.

얼마전 한 여성이 가정진단을 의례해 와서 그녀의 집을 방문한 일이 있었다.

그녀는 현재 누구나 다 알만한 TV 탤런트인데 40세 가까운 나이로 노처녀 신세를 면치 못하고 있었다. 아직 연이 닿지 않아서인지 쉽사리 연인이 나타나지 않는다고 솔직하게 고백을 했다.

　맨 처음 주방으로 들어가 여기저기 살펴보았다. 냉장고 위에 전자
렌지가 올라앉아 있었다. 언제부터 전자렌지를 냉장고 위에 놓고 사
용하느냐고 물었더니 벌써 10 여년 가까이 되었다는 것이다.

　필자는 얼른 '이것이다' 라는 생각이 들어서 전자렌지 놓을 자리가
마땅하지 않다면 두터운 나무 판자를 올려놓고 그 위에 전자렌지를
올려 놓도록 하라고 지시를 했다. 그리고 그 옆에는 작은 관엽식물
하나를 놓으라고 권했다.

　그렇게 개선을 한 후 1달이 못되어 운좋게 사극드라마에 당당히
주역으로 나온 것을 보고 신기하다는 생각을 했다.

　그녀는 생전처음 주역으로 캐스팅 된 것이다. 또한 결혼신청도 들
어오고 출연료도 높아져 금운도 손에 쥐게 되었다. 이것은 냉장고와
가스렌지 사이에 두터운 나무판자 하나를 끼워 놓으므로서 흉상을
길상으로 만들었기 때문이다.

　원래 주방과 함께 있는 식탁 가까이에는 찬장이 있기 마련인데 이
것은 식탁 가까이 있어서 그릇을 꺼내어 사용하는 편리성도 있겠지
만 치장용으로도 비싼 그릇을 전시해 놓기도 한다.

　청결하게 닦아서 잘 정렬해 놓은 것을 보면 누가 보아도 기분이
좋다.

특히 동쪽이나 남쪽에 찬장을 향하도록 놓으면 기운에 활력이 생겨서 돈이 들어오게 된다.

8가지 방위중 어느 한 곳이 오염되어 있거나 아니면 정리가 안되어 있으면 별로 좋다고 할 수는 없다.

서쪽에 해가 드는 주방은 돈을 쓸데없이 낭비하게 된다. 불륜을 하고 있는 경우도 이에 해당이 된다. 이를 사전에 막기 위해서는 황색이나 베이지색 같은 차광막을 치는 것이 좋다.

서북에 주방이 있으면 이 가정은 주부가 주도형이 된다. 그리고 남편은 집에 잘 붙어 있지 않는다.

북에 주방이 있다면 주부는 대체로 냉정이 빠져 있다. 차광막은 오렌지색.

동북에 있으면 칼에 크게 다칠 염려가 있고, 차 광막은 백색이다. 동쪽의 주방은 길상이다. 아침 햇볕이 창문으로 들어오는 것을 구태여 막을 필요는 없다. 다만 이 집 주부는 덜렁인다는 소문을 듣게 된다. 푸른색이나 보라색 차광막이로 냉정을 되찾게 할 수 있다.

동남의 방위는 역시 주방으로는 좋은 방위다. 가족의 건강운이나 황금운에 있어 조금도 걱정할 일이 없기 때문이다.

남쪽의 주방은 문제가 있는데 주로 귀금속 같은 곳에 투자를 해서 손해를 보게 된다. 이를 예방하기 위해서는 그린색 차광막이를 하면 흉액을 피할 수 있다.

남서쪽의 주방은 폐기가 결여되어 집안이 온통 침울할 수가 있다.

가족 전체가 사교적이 되려면 여간 노력하지 않으면 안 된다. 이를 예방하기 위해서는 황색이나 아스카라색상의 차광막을 하는 것이 그래도 다소 진정함에 있어서 도움이 된다고 할 수가 있을 것이다.

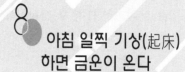

아침 일찍 기상(起床)
하면 금운이 온다

　매년 12월 31일이면 바다나 산으로 가는 사람을 많이 본다. 새해 아침 일찍 솟아오르는 태양을 보기 위해서이다.

　특히 지난 2000년 해가 동쪽에서 제일 먼저 뜬다는 뉴기니아의 어느 작은 마을이 이 해돋이 관광 때문에 세기의 스포트를 받은 일이 있었다.

　우리나라의 해돋이 맞이도 이에 질세라 강릉의 정동진, 포항의 호미곶 등이 해맞이 관광으로 북새통을 쳤던 기억이 지금도 생생하다. 어느 친구가 경주 토함산에 오른다기에 무엇 때문에 이 정월 초하룻날 경주까지 가서 등산을 하느냐고 물었더니 동해의 해돋이를 보기 위해 간다는 것이었다.

　토함산 정상에서 동해에서 솟아오르는 태양을 보았을 때 장관이었을 것이다. 아득히 바다 저편의 일직선 동쪽에서 불끈 솟아오르는 붉은 태양을 누구보다도 아침 일찍 보았을 때 장엄한 자연의 숭고함 앞에 저절로 감동을 느꼈을 것이다. 그래서 해마다 연휴가 있는 그믐이면 해맞이를 간다는 이를 나무랄 수 없었다.

　이렇게 초하루 새해 아침의 태양을 보는 것은 두말 할 여지없이 태양의 양기를 한껏 받아 길운을 받겠다는 상징적인 의미도 없지 않을 것이다.

이것은 사실이다. 풍수학의 5행을 보면 신선한 아침의 동쪽기는 활력, 발생, 근면, 성장, 성공을 상징하는 기로서 행운을 주는 방위로 되어 있다. 이러한 기를 들이마신다면 어찌 길운을 얻지 않을 것인가! 아침으로 치면 5시~7시 사이이다. 시각으로는 묘각(卯刻)이며, 1년을 치면 봄, 음력 2월이고 달은 역시 묘월이다. 인체의 부위로는 다리, 후두, 간장 등이니 인체에서 가장 활발한 역할을 하는 곳이다.

가정에서는 역시 장남으로 이것은 책임감이 크다는 뜻이다. 색깔로 표현하면 청색이나 남색이다. 성격으로는 목, 즉 나무이니 수목이다. 8괘의 부호로는 진(震), 진동할 진자다. 그리고 자연의 현상은 뢰(雷), 요란스러운 뇌성진동이라는 뜻이다. 이러한 의미와 뜻을 가진 동쪽 방위는 대단히 길한 운이 있다. 그러므로 하루의 날이 밝아오는 여명에 소망을 기대해도 좋을 것이다.

필자는 어린시절을 농가에서 보냈었는데 선친께서는 가족 중 어느 누구보다 일찍 잠자리에서 일어나 식구들을 깨우셨다. 특히 집의 머슴을 깨워 대문 밖을 쓸게 하셨다.

그러면 머슴은 빗자루를 들고 대문 밖을 말끔히 쓸고 또 동구어귀까지 쓸어놓고 들어오는 것을 보았다. 마침 이날은 어느 귀한 손님이라도 찾아올 듯이 깨끗이 단장한 것이었다. 어린 나에게는 공부하기를 독려하셨고 어머니와 누나에게는 부엌에 나가 아침밥을 조리하게 하셨다. 이렇게 머슴은 집안 청소를 다 해놓고는 개똥망태나 지게를 지고 논이나 밭에 거름을 주기 위해 나갔다. 이것이 우리 집의 하루 생활의 시작이었던 것으로 기억하고 있다.

아침 일찍 대문을 열어 놓고 신선한 아침 기를 맞이하는 것을 어쩌면 개문만복래(開門萬福來)라고 했던가. 이렇게 다른 이보다 일찍 일어나 대문을 활짝 열고 하루를 맞는 것은 복이 들어온다고 믿고 있었기 때문이다. 금전운은 아침 일찍 기상하는데 복이 들어온다. 옛 사람들은 그것을 믿고 실행해 왔다. 머슴은 아침 일찍 들에 나가다 보면 보리밭 속에 있는 꿩알도 줍고, 개똥망태를 울러매고 똥걸음을 주러 나갔다가 지난밤 어느 누가 흘려놓고 갔는지 길거리에서 횡재를 하는 돈 주머니도 주어오기까지 했다. 머슴은 그렇게 부지런하고 열심히 일하는 바람에 꼬박꼬박 돈을 모으게 되었다

또 이것을 늘려 밭도 사고 논도 샀으며 예쁜 건너마을 규수를 맞아들여 살림을 나는 것이었다. 이것은 아침에 일찍 일어난 덕분이 아니고 무엇이겠는가. 돈이란 놈은 아침에 제일 일찍 일어나는 사람을 좋아한다. 그리고 남들이 밟지 아니한 새벽길을 걸어 일나가다보면 이렇게 횡재도 하게 되는데 이것은 뭘 의미하는가 하면 금전운은 아침 늦잠을 자는 사람보다 일찍 일어나는 사람을 반기고 좋아한다는 것이다.

학교나 회사에서 다른 사람보다 일찍 등교하고 출근하는 사람을 돈은 환영하고 좋아한다. 아침에 일찍 학교에 나가 깨끗이 청소를 하고 남이 오지않는 시간에 공부를 하면 쏙쏙 머리에 잘 들어온다. 회사 직원이라면 다른 이보다 일찍 출근을 해서 열심히 일하고 있으면 동료나 상사의 눈에 열심히 일하는 것이 눈에 띄고 칭찬을 받게 된다. 또한 과장이나 부장의 눈에 띄고 결국 사장의 신임도 받게 된다. 이것이 다 아침에 일찍 기상한 덕택이 아니고 무엇이겠는가. 돈이란 황금은 부지런하고 열심히 일하는 사람도 좋아하지만 이렇게 새벽에 일찍 일어나는 사람을 더욱 좋아하고 돈을 안겨준다. 그리고 좋은 인연의 운을 만들어 주기 마련이다. 방의 어둔 음기가 가시고 아침의 신성한 양기를 날마다 많이 받아들이는 것이 바로 성공하는 지름길인 것이다. 아침 일찍 일어나 동쪽의 기를 받는 것은 [활력, 발생, 근면, 성장, 성공]이라 하였다. 금전운을 얻고자 한다면 아침 일찍 기상을 하자.

황종찬 박사의
생활풍수

**도박에서 돈을 따려면
이런 인테리어가 필요하다**

　도박은 언제 생겨났을까 하는 생각을 가끔 해볼 때가 있다. 원래 사람은 태어날 때부터 욕심이라고 하는 것을 가지고 태어났으므로 아마 이 때부터 생겨나지 않았을까 하는 생각이다. 하지만 도박을 해서는 안 된다.

　땀흘려 알뜰하게 번 돈을 날려버릴 수 있고 돈을 딴 사람은 이후에도 사행심을 바라게되어 자신을 망칠 수가 있기 때문이다. 그러나 다른 한편으로 보면 심심풀이로 두뇌활동을 활성화시키고 즐길 수 있는 게임으로 한다면 건강상에는 오히려 유익하다. 물론 위에서도 말했듯이 남의 돈을 따겠다는 생각을 하면 비록 오락이라 하더라도 해서는 않될 것이다.

　하기사 인간이란 욕망이 있는 동물이므로 더 많은 것을 갖겠다고 하는 것은 어쩔수 없지만, 스스로 자재하는 마음을 기르는 것이 옳을 것이다. 그러나 오락이라도 꼭 돈을 따야만 하겠다고 한다면 복권처럼 행운이 되기 위해서 가능한 넓고 큰 4평이상의 방을 차지하고 거쳐하는 것이 좋다.

　방의 위치는 동쪽으로 튀여나온 창이면 더 좋고, 남쪽에는 반드시 창문이 있는 것이 바람직하다.

　방위의 포인트는 주로 동쪽의 결단력과 햇볕처럼 강한 기운의 추

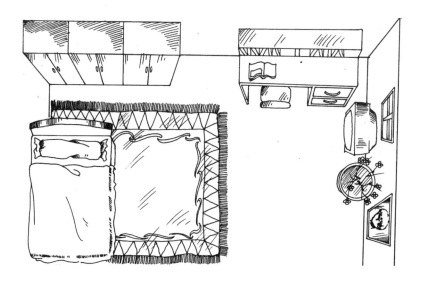

진력과 남쪽의 직감력이 한데 어우러지면 돈을 딸 수가 있다. 네모 난 방으로 가정한다면 옷장은 서북쪽, 책상이나 화장대는 동북쪽에 놓는 것이 원칙이다. 그리고 침대는 서쪽에 놓는데 머리쪽은 북쪽으로 향하도록 한다.

침대 머리 위에는 북쪽의 옷장이 놓여져 있어야 한다. 그리고 오른쪽 동편은 책상이나 화장대를 놓는다. 만약 침대곁에 소파를 놓으려면 아래 바닥은 카페트를 까는데 되도록 화려하고도 밝은 무늬가 많이 들어 있는 카페트를 깔면 좋다. 소파는 가죽으로 된 것보다는 천으로 된 것이 좋고, 십자형 무늬가 들어 있다고 하면 더더욱 좋다고 할 수 있다. 그리고 기를 받는 동쪽은 창문이 튀어나와 있으면 좋고, 창문 밑에는 TV수상기를 놓도록 한다.

전파를 타는 수상기는 동쪽 기운과 함께 잘 어울릴 수가 있기 때문이다. 이 때 기억해야만 할 일은 TV수상기 좌우에 화병이나 화분에 꽃을 놓는 것을 잊지 말아야만 한다.

남쪽으로는 창문 양쪽으로 관엽식물을 놓도록 한다. 그리고 남쪽 창문의 커텐 색상은 그린색이 좋다. 여기에 서쪽에 묻힌 남향으로 유리문 달린 책장이 있으면 좋다. 이를 정리해 보면,

▶동북 : 화장대나 아니면 책상을 놓는다.

▶동 : 창문가 양쪽에 빨간 꽃을 한쌍 놓는다. TV 수상기도 중간에 놓고 남쪽 가까운 벽에 남자 텔런트의 포스터를 붙여준다. 실물사진을 크게 확대하여 붙여도 무난하다.

▶남 : 창문에는 필히 그린계통의 커튼을 친다. 관엽식물 한쌍을 놓는다.

▶남서 : 유리문이 달린 책장을 놓는다.

▶서 : 침대를 놓고 북쪽에 베개를 두고 잔다.

▶북서 : 옷장을 배치한다. 이런 가구 배치라고 한다라고 하면 도박을 하면 돈을 딸 확률이 높다고 할 수 있다.

그러나 돈은 자기에게 귀여움을 주는 사람에게 따른다고 하듯이 단순히 남의 돈을 욕심내어 자신 것으로 만들기 위해 도박을 한다면 이는 돈을 사랑하는 것이 아니라 자신의 욕심을 채우기 위해 취하고자 하는 것이므로 잘 붙지 않는다고 할 수 있다.

돈은 진심으로 자신을 아껴주고 사랑해 주는 사람에게 따르는 것이다. 그러므로 무엇보다 소중한 것은 마음가짐이라 할 수 있다.

10. 돈을 모으자면 기가 빠지지 않도록 해야만 한다

우리의 생활에 돈처럼 중요한 것은 없다.

부는 곧 삶의 힘이라고 할 수 있기 때문이다. 이 때문에 돈을 많이 모으고 싶어한다. 이것은 돈을 많이 벌고 싶다는 의미와 같은 뜻일 것이다. 그러나 돈을 아무리 많이 벌어도 모아지지 않으면 소용이 없고, 돈을 모으려고 해도 또한 벌리지 않으면 모아지지 않는 것이다.

이것은 「손등과 손바닥」과 같은 사이이므로 끊을래야 끊을 수가 없다. 그러므로 잘 조율을 할 수가 없다면 부를 축적할 수가 없다. 이럴 때는 벌어들이는 것 보다는 모아진 돈이 빠져나가 않도록 하는 것이 더더욱 중요하다고 할 수 있다.

집안 또는 방안 어디에서 기가 빠져 나가는 곳이 있는가 없는가를 자세하게 살필 필요가 있을 것이다. 아무리 돈을 많이 벌어들인다 하더라도 빠져나가면 소용이 없기 때문이다.

혹시 현관에서 사무실이나 방에 들어서면서 정면에 창문이 없는지 있는지를 살펴볼 필요가 있을 것이다. 창이란 빠진다고 하는 구멍이 될 수 있기에 그렇다.

사무실 문을 막 열면 정면에 창문이 있어서 들어선 기가 바로 이 창문을 통해 그대로 빠져나가 버리게 된다. 이것은 창문 때문에 기

가 빠지는 것이므로 돈이 모이질 않고 빠져나가는 것이라 할 수 있다.

이런 경우에는 회사나 아니면 가정경제가 어렵게 된다고 할 수가 있다. 이런 회사나 가정은 아무리 영업실적이 많고, 반면에 가정에서는 돈을 벌여 들여도 모여지지 않는다. 계속 '빠지는'(세는) 상태에서는 경영이 어려워지고 가정에서는 돈이 모아지지 않는다고 할 수 있다.

또 창문도 창문이겠으나 방에 들어가보면 벽에 금이 가있고 천장이 뚫려있는 경우가 있다. 이 경우는 모두가 빠진다고 하는 의미가 된다. 그러므로 회사의 경우라면 아무리 영업실적이 좋아도 소용이 없을 것이다.

방안도 역시 이와 같다고 할 수가 있다. 특히 서방이나 서북간 방위에 틈이 있거나 아니면 구멍이 뚫려 있다라고 하면 돈은 절대 모아지지 않는다. 이럴 때 풍수용어에 있어서는 누재택(漏財宅) 운이라고 하게 된다. 그러므로 이런 점을 면밀히 관찰하고 예방하지 않으면 않된다.

그러나 이러한 '누재택' 운에 있어서 전혀 예방이 없는 것은 아니다. 기가 빠지지 못하게 묶어놓는 방법이다. 일단 사무실이나 아니면 방에 들어온 기가 창문으로 나가지 못하게 막아야만 하고 벌어진 틈새가 있고 구멍이 있으면 막아야 하는 것이 가장 중요하다.

틈새 같은 곳은 단순히 그 위에 종이로 바를 것이 아니라 반드시 시멘트로 막아야 하는 것이 정상적이다. 구멍에 땜질을 하더라도 바람이나 기가 세나가지 않도록 하는 것이 곧 재물이 빠지지 않는 것이다.

그러므로 창문이나 틈새, 구멍 등은 없도록 해야만 할 것이다. 그리고 정면에 창문이 있다고 하면 지나치게 햇볕이 들어오지 못하게 가리개로 창문을 가려야만 하고, 겨울 같으면 두꺼운 면 커텐을 늘어뜨려 들어온 기가 빠지지 않도록 하는 것이 무엇보다 중요하다.

그리고 사무실이나 방 같은 곳에 두꺼운 판 가리개를 양쪽에 세워 창문과는 일직선이 되지 않도록 해야만 한다. 그것은 기는 일직선으로 가기 때문에 창문으로 빠지는 기의 길을 꺾어서 돌려 놓으려는 이유이다.

즉, 흐르는 기를 나가지 않도록 하는 것이 무엇보다 소중하다고 할 수 있을 것이다. 이렇게 해놓으면 기가 열어진 창문 밖으로 빠져 나가지 못하게 되고 자연 사무실이나 방안에 잔유하게 된다. 뿐만 아니라 기의 특징이라 할 일직선 성질이 벽에 부딪혀 다시 중심점으로 돌아와(한가운데) 사무실 직원이나 아니면 방안 사람 몸에 머물게 된다.

기가 오랫동안 머문다고 하는 일은 그만큼 중요하다고 할 수 있다. 끝으로, 사무실 같으면 출입문 입구 책상위에 거북 장식품이나 아니면 용 장식품 그리고 두꺼비 장식품 등을 낮에는 출입문 쪽으로 보게 장식해 두었다가 퇴근 후나 밤에는 이 장식품들을 반대로 안을 보게 해두면 좋다고 할 수 있다.

황종찬 박사의
생활풍수

11
황금운을 얻는 것은
돈에게 기쁨을 주는 것부터 해야

세상사람 누구나 돈 싫어하는 사람은 없을 것이다.

그것은 살아가려면 필수이기 때문이다. 그래서 악착스럽게 돈을 모아서 떵떵거리며 살아보고 싶어하는 것은 모든 사람의 공통된 심리일 것이다. 그런데 이 돈이란 놈은 눈이 있는지 어느 누구에게나 함부로 달려오지 않는다. 이 때문에 누구에게나 함부로 붙지 않는다.

결국 세상은 빈부귀천이 생겨나게 되었고 결국 귀중한 생명까지도 내던지는 경우가 없지 않다. 하지만 돈을 잡기 위하여 수단은 되어도 좋을지 모르나 목적이 되어서는 않될 것이다. 분명한 것은 이 풍수는 돈을 안다는 것이다. 한마디로 「풍수를 알면 돈이 보인다」고 할 수 있다. 그래서 금운을 얻자면 풍수를 익혀야만 한다.

황금인 돈은 누구에게나 소중한 것임에는 틀림이 없다. 그것은 행복을 얻을 수 있는 제일 좋은 수단이기 때문에 그렇다. 즉 다시 말하면 이 돈은 행복을 만들어내는 척도이기 때문이다.

여하튼 돈은 없는 것보다는 있는 것이 좋다라고 하는 것은 확실하다. 그것은 가난하고 궁핍하다고 하는 것보다는 풍부하다고 하는 것이 더 즐겁고 행복하기 때문이다. 그러나 대부분의 사람들은 돈에 대한 욕망은 느끼면서 그 얻는 방법은 찾을줄 모르는 경우가 많다.

대부분 사람들은 남이 하는 그대로 나도 따라하면 돈을 잡을 수 있겠거니 하고 열심히 노력하고 땀을 흘려도 돈은 나에게 붙지 않는다. 가령 같은 봉급쟁이로 시작을 했는데 10년 후 누구는 큰집에 지위도 올랐으나 반대로 집도 계급도 오르지 못한채 그대로라면 어딘가 문제가 있는 것만이 확실할 것이다.

이런 것은 여러 원인이 있겠으나 자연의 오묘한 진리요 철학이라고 할 수 있는 풍수에 의해 해명해 보면 어떨까 하는 생각을 해보게 된다. 이 학문은 누차 말하지만 자연학인 동시에 과학적 근거가 있는 학문이다.

돈이란 한마디로 말한다면 사람의 모든 집약된 지혜인 것이다. 이러한 지혜의 결정체를 모으지 않고 노력과 땀만 흘린다고 해서 얻어지는 것만은 아니다. 다시말해서 집약된 노력과 지혜 이것만이 돈을 얻을 수가 있는 것이다.

그러나 위에서도 설명했듯이 수단이 될 수는 있어도 목적이 되어서는 않된다. 무조건 돈만이 인생의 전부인냥 인정도 사정도 없다면 이는 수전노(守錢奴)이지 아무것도 아니기 때문이다.

돈은 어디까지나 사용할만한 목적이 있기 때문에 벌어야만 하는 것이므로 필요한 만큼 갖겠다고 생각을 해야만 한다. 그 이상은 곁에 있어도 안가지겠다는 생각이 들어야만 돈을 모을 수 있고 가질 수 있다. 우선 금전운을 좋게 하려고 한다면 돈이 제발로 걸어와 따라 오도록 해야만 한다. 자꾸 따라다니기만 하는데 뒤쫓아 간다고 해서 잡혀지는 것은 아니기 때문이다.

그러므로 돈을 잡으려면 우선 먼저 돈과 친해져야 한다. 그리고 돈에게 사랑을 받는 그런 사람이 되도록 힘을 다해야만 한다. 그렇지 않고 미움을 산다라고 한다고 하면 가까워 질 수 없기 때문일 것이다. 결론적으로 말하면 이 돈에 오히려 기쁨을 안겨주는 사람이 먼저 되어보라고 하고 싶다. 돈 자신에게 기쁨을 안겨주는 사람이란 과연 어떤 사람일까? 돈에 기쁨을 주는 사람의 예를 들어보면 다음과 같다.

얼마전 모문학단체에서 한 통의 서신을 받았다. 회비가 걷히지 않아 죽을 지경이라면서 회비를 보내달라는 협조 글이었다. 단순하게 이것만이라면 회비를 납부해야 하는 것은 당연한 일이다. 회원으로서 당연한 의무이기 때문이다. 그런데 사실 이렇게 죽을 지경이라고 독촉을 보내온 사무국장은 평소 회원들간에 원망을 자자히 받고 있는 분이다.

회원관리를 소홀히 하고 회비로 저축해 놓은 돈을 흥청망청 써버린 장본인이다. 적립금을 알뜰하게 사용하지 않고 세미나나 임원모임 때면 아낌없이 펑펑 써버려 놓고는 어려워지자 죽을 지경이라고 볼멘소리를 하는 것이다. 그것도 회원들간에 친절하고 인정스럽다는 평은 고사하고 거만하고 무뚝뚝하다는 평까지 듣고 있으니 협조할 마음이 있을 사람이 어디 있겠는가? 이런 잘못된 운영태도의 반성없이 연락을 할 때마다 돈 타령뿐이다. 여기에 필자는 이런 답신을 보내었다. 회원들에게 평소 사랑을 주고 기쁨을 안겨주는 노력부터 하라는 그런 글을 쓴적이 있다.

돈도 이와 같은 것이다.

돈에게 사랑을 받고 귀여움을 받자면 애정을 먼저 주어야 한다. 평소 그런 사람이 되어야만 금전운이 따르게 되어 있다. 언제나 주는 것을 모르고 받기만 원한다면 돈인들 어찌 따르겠는가. 달아나고 말 것이다. 돈과 친하자면 돈에 대해 아쉬운 부탁만 하지 말고 늘 사랑을 하는 마음가짐이 중요하다. 금전운은 상호 조화에서 시작이 된다. 상생원리를 기준으로 삼다보면 돈은 저절로 따라오게 될 것이다.

이 기본을 벗어나서는 않된다. 남에게 준다는 마음은 즐겁기도 하지만 이것이 황금의 기를 받는 지름길이 되는 것이다.

12 인연(因緣)은 곧 돈을 안겨다 준다

사람과 사람 사이의 인연처럼 중요한 일은 없다.

흔히 우리를 사회적 동물이라 하기 때문이다. 세상에서 가장 행복한 사람이란 여러 사람들을 많이 알고 있는 사람이다. 사람은 각기 다른 직업을 갖고 있는데 이것이 돈을 움직이고 있기 때문인 것이다. 가령 어떤 양복회사에 잘 아는 친구가 있다고 한다면 양복을 살 때 많은 도움이 되는 것은 당연한 이치이다.

제품에 대한 지식은 물론 값도 정당하게 또 할인으로 살 수 있다면 얼마나 큰 도움이되겠는가 말이다. 그러니 많은 사람을 알고 있다고 하는 사람은 가장 행복하다고 할 수가 있다. 이는 곧 돈이기 때문이다.

일본 속담에는 「연(緣)은 곧 돈(圓)이다」라는 말이 있다. 사람이 붙임세가 좋으면 돈이 생긴다고 하는 말이 생겨난 것은 이 때문이다.

또 이와는 반대로 「돈은 곧 인연이다」라고 할 수도 있다. 그러므로 좋은 인연을 맺을 수록 좋은 것이다. 물론 이것은 그리 쉬운 일은 아니다. 그 많은 사람을 알고 친하다는 것은 어려운 일이기 때문이다.

이런 사실은 누구나 잘 알고 있기는 하나 쉽게 할 수 있는 일은

아니다. 그러므로 가장 중요한 것은 평상시의 마음가짐이라 할 수 있다.

인테리어와 사람도 같을 것이다. 풍수에 있어서는 인테리어가 중요한 위치를 차지하고 있다. 사람과 인테리어의 인연. 이것은 하나의 인연으로 엮어질 수가 있다. 그 효과는 천천히 나타나게 된다.

예를 들면, 한 노부부가 사는 집에 장남부부와 함께 살고 싶어서 집을 증축했다. 그러나 장남부부가 증축한 집에 들어오지 않는 것이 문제다. 말로는 곧 들어온다고 하면서 들어오기 싫은 눈치가 역력했다. 둘째아들은 독신인데 결혼을 하면 분가해야 했다. 그렇게되면 역시 두 부부만 남게될 입장이다. 결국 다시 원상으로 돌아가 버리는 것이 아닌가.

이 집은 북서를 증축시켰는데, 정확히 동-동북의 기를 빼버린 것이 되었다. 동과 동북은 장남의 자리다. 그러니 풍수적으로 그 자리가 비게되고 장남은 들어와 살기 싫다는 생각이 든 것이다.

증축한 일에 대해 장남의 입장에서 이 집은 이제 기울어지는 형편이 된 것이다. 그리고 둘째는 북서 방을 사용하고 있다. 북서는 일가주인을 의미한다고 할 수가 있다.

이 집을 사용하고 있는 둘째는 벌써 북서 방위의 기를 받고 있다고 할 수가 있다. 결혼을 해도 이 집에 계속 눌러 살지는 않을 것이다. 그렇다면 개선방법은 집의 동쪽에 소리나는 것을 놓도록 해보자.

동쪽은 현관이므로 오고가는 사람이 들을 수 있게 작은 종을 다는 것이 좋을 것이다. 이것은 사람을 많이 끌어 들일 수 있다는 의미가 된다. 이렇게 하면 장남도 곧 돌아온다고 할 수 있다.

인간관계는 북, 동, 동남, 서 방위가 대단히 중요시된다. 이것은 이들 방위가 인간관계를 말하는 방위이기 때문이다.

집이나 아니면 방의 중심에서 본다고 하면 독자적인 파워를 가지고 있다고 할 수 있다. 딱 들어 맞고 침착한 인간관계를 가질 수 있으며 이 방위의 기를 높이자면 꽃으로 장식하는 것이 좋다.

인테리어는 따뜻한 계통의 색이 좋으며 단번에 효과가 있는 기운이 일어난다고 할 수 있다. 그리고 바다나 배그림 등이 좋다고 할 수 있다. 동쪽은 어디까지나 젊은 사람들이 모여드는 파워를 가지고 있으며 사람들도 많이 모여 들게 되어 있다.

파워를 높인다고 하는 것은 붉은 블루(분홍) 같은 인테리어가 좋다고 할 수 있다. 만약 동쪽이 기운이 강하다면 대신에 붉은 꽃을 장식하는 것이 좋고, 해뜨는 그림도 좋다고 할 수 있다.

친구도 모여들고, 교제수완도 좋아 회사에서의 신용도 높아진다. 인테리어는 나무목이 좋다고 할 수 있다.

이 방위는 가장 악취를 싫어하는 방위라 할 수 있으므로 각별히 신경을 써야만 하다. 서쪽은 또 기쁨과 즐거움이 많은 생활을 보낼 수 있는 기를 가지고 있다. 그러니 집에 드나들게 되는 사람들이 많게 된다.

끝으로, 인간관계에 있어서 출입문이라 할 현관이 가장 귀중한 곳이라 할 수가 있다. 현관의 기를 절대 어지럽혀서는 안 된다.

황종찬 박사의
생활풍수

13
집의 액운을 털어 버리고
몸을 깨끗이 해야 돈이 붙는다

액운을 털어버리고 몸을 깨끗이 해야만 금운이 붙는다.

이것은 또 무슨 말인가? 좋지 않은 액운이 우리 몸에 수없이 붙어 있다. 이 액운을 털어버리지 않고는 좋은 황금의 운은 붙지 않는다는 것이다. 잠을 자고 있을 때 당신의 몸에는 금운이 들어온다라고 하였다.

이 파워가 충분히 발현되지 않는다면 돈이 몸에 붙지를 않는다. 이 점을 주의해야 할 것이다.

「효과가 있어야만 할 서방위(西方位)의 황색 효과가 없다」라고 느껴졌을 때 무엇이 잘못된 것이 없는가 찾아보아야 할 것이다.

1. 집의 중심을 정확하게 찾았나 하는 것이 문제다. 효과가 느껴지지 않을 때는 집의 중심을 한 번 더 정확하게 살펴볼 필요가 있다. 90cm 이상 방위가 비켜나가도 그 효과는 없다.

2. 서쪽이라고 느낀 방위가 북서인지 아니면 남서인지를 자세하게 살펴야만 할 필요가 있다.

3. 집안의 청소가 잘 되어 있지 않다. 통풍이 나쁘다. 침구가 주방과 잘 맞지않다. 잠자리 위치가 틀려 있는 등의 원인이 반드시 있다.

이 세 가지 원인이 풍수가 효과가 없을 때 일어나는 현상으로 본다. 그러나 또 주방 방위를 잘 잡지 못했거나 아니면 청소 불량일 때도 원인이 된다. 그러므로 이와같이 집안에 액운이 있다고 느껴졌을 때는 역시 금전운을 잃게 된다. 이럴 때는 금전운이 나빠져 있으므로 그 기운이 당신의 몸에 들어가지 않는다.

설사 들어갔다 해도 작용하지 않는다고 할 수가 있다. 이 때는 자연 「서방위의 황색」이라 하는 것도 자연 무색되고 만다고 할 수 있다.

먼저 집안이 오염되고 불결해서는 않된다. 언제나 몸과 함께 집의 청소를 깨끗이 해야 한다.

사람들은 자주 액(厄)이라는 말을 사용하게 되는데 그렇다면 이 액이란 무엇인가?

흔히 우리가 알고 있는 남성의 42세, 여성의 33세와 같은 액년의 해를 의미하는 것이 아니고 우리 몸에 붙어 있는 오염을 두고 하는 말이다. 그러므로 몸에 때가 끼면 매일 목욕을 해서 몸을 깨끗이 하는 것과 같이 때를 말끔히 씻어버려야만 한다.

평소 집안의 오염된 기가 몸에 젖어 있다면 잠을 자는 동안 흡입이 되게 된다. 이때는 아무리 황금방위를 택한다고 해도 돈이 손에 들어오지 않는데 우선 몸에 붙어있는 나쁜 액운을 떨치지 않고는 될 수가 없다.

그렇다면 몸을 깨끗이 해야만 하는데, 깨끗이 한다고 하는 것은 주변에 있는 나쁜 기를 말끔히 떨쳐야만 한다는 것이다. 다시말하자면 방해하는 액운을 떨쳐버려야만 몸이 정갈해질 수가 있는 것이다.

그렇다면 어떻게 몸에 묻은 액운을 떨쳐버릴 수 있을까 하는 문제가 온다.

집의 출입구 현관은 이 일상액을 털어버리는 곳이라고 할 수 있다. 여기서 현관이 넓고 길상이면, 일상에 묻어있는 출입구에서 먼지를 떨어뜨려야만 한다. 그러면 당신의 몸이 깨끗해지고 이때부터는 잠자리에 들면 자고 있는 사이 좋은 기가 쑥쑥 들어오게 될 것이다.

문제는 출입구인데 현관이 협소하고 길상이 아니면 인테리어로 이곳을 개조해야 한다. 그리고 이곳을 매일 깨끗하게 하는데 특히 물로 닦도록 하는 것이 좋다.

우리는 흔히 현관 앞에는 여러 가지 잡동사니를 놓게 되는데 이것은 좋지 않다. 예를 들면 신발장 말고도 골프가방, 자전거, 우산 등 여러 가지 지저분한 것이 있는데 이렇게 해서는 절대 안 된다.

그리고 이것을 밖에 내다가 깨끗이 씻고 말리고 닦아서 잘 보관하되 현관에 두어서는 않된다. 또한 어두워서는 안된다. 이렇게 깨끗이 치워놓으면 이것으로도 액운을 떨쳐버리는 계기가 된다.

두 번째는 세면장에 들어가 액운을 털어 버리는 일이다. 욕실이라면 욕실의 물 속에 액운이 담겨 있다고 할 수 있다. 그러므로 물을 욕실에서 사용하지 않을 때는 빼버리고 욕조는 아주 깨끗하게 닦아서 청결하게 해야 한다. 그리고 신체는 외출했다 돌아오면 닦아서 몸을 청결하게 해야만 한다.

다음은 침실인데 침실에서는 침대보며 베개창은 언제나 깨끗이 해야 한다. 자주 빨아서 언제나 침대에 오르면 산뜻하고도 깨끗한 냄새가 코를 간지럽혀야 한다. 물론 잠을 잘 동안 입을 잠옷도 깨끗해야 하는 것은 두말할 여지가 없을 것이다. 이렇게 해 놓으면 금운이 들어올 여건이 다시 조성될 것이다.

이 금운은 깨끗한 신체를 좋아하기 때문이다.

이 말을 뒤집어보면 길상의 집은 액운을 강하게 떨어뜨리는 파워가 강한 집, 흉상의 집은 이 액의 처리를 하는 파워가 약한 집이라 할 수 있겠다.

한때 그림투자로 한목 단단히 잡은 어느 재벌은 "그림처럼 좋은 투자가치는 없다"라는 말을 남긴 글을 그의 자서전에서 독백한 것을 읽은 적이 있다.

그림이라 하면 아직도 우리 서민에게는 그림에 떡이라고 할 수가 있다. 문화인의 생활이라하면 집안의 거실이나 아니면 방안에 그림을 한두 점은 걸어 놓고 계절에 따라 바꾸면서 감상하면서 가족이나 본인의 감정을 순화시킬 여유정도는 있어야만 한다고 할 수 있을 것이다.

그런 각도에서 본다라고 하면 그림은 확실히 황금운과 관련이 있을 것이다. 풍수에서도 집안에 그림을 장식해 놓으므로써 확실한 인테리어의 운기를 받을 수가 있으며, 또 방안의 기운도 높일 수가 있다고 보고 있다.

그러나 어떤 그림을 어떻게 걸어야 황금운을 바랄 수 있을까 하는 것이 궁금사항으로 남을 것이다.

여기서 대부분 사람들은 크고 훌륭하고 값비싼 그림이라야 행운이 따르지 않겠느냐는 생각을 할 것이다. 하지만 이런 것과는 관련이 없다. 이것은 그림을 붙인다라고 하는 방위에 대한 운기를 위한 수단이기 때문이다.

그렇다면 값비싼 그림이거나 아니면 싼 그림이라고 하여 그 가치가 없는 것은 아닐 것이다. 분명한 것은 그림과 인테리어와의 상생관계라 할 수가 있다. 즉 다시 말하자면 그림의 질과 방향과의 관계라고 할 수가 있다.

아무리 값진 그림이라 하더라도 이 그림이 방위와 맞지 않는 그림이라면 가치가 없는 것이다. 그렇다면 그림의 크기는 어느 정도가 좋은가 하는 문제에 있어서 위에서도 언급하였듯이 웅장한 대형그림이라 해서 좋은 것이 아니다. 대략 거실이나 방에 장식을 하는 그림이라 하면 20호 정도가 무난할 것이다.

20호하면 크기에 대해 잘 모를 사람이 더러 있겠으나 1호가 엽서한 장 크기라 한다면 짐작이 갈 것이다.

그런데 이런 그림이라 하더라도 벽이 없다면 걸 수 없게 되어 있다. 그러므로 그림을 붙일 벽면 공간이 어느쪽인가부터 염두에 둘 필요가 있을 것이다.

가령 남쪽에 창문이 없고 벽이 막혀 있으면 남향에서 들어오는 태양광선을 전혀 받지 못할 것이다. 또 동쪽에도 창이 없다고 하면 이 역시 아침 동쪽 해가 들어올 수 없을 것이다.

그러므로 풍수이론은 이 그림을 대신하여 그 기운을 받아들이고자 하는 것이다. 그림은 이 기운을 대신 할 수가 있다. 우리 민족은 원래 농경사회 민족으로서 따뜻하고 햇볕이 잘 내리 쬐이는 남쪽 논이나 밭을 즐겨하고 좋아해 왔다.

멀리는 산이 보이고 앞에는 넓은 들이나 바다가 펼쳐져 있어도 좋다는 생각을 하고 있다. 이것이 좋은 환경인 것이다. 그러므로 이런 환경의 벽이 가로막고 있다고 하면 좋지 않을 것이다.

그래서 남쪽 창문을 대신하는 그림, 즉 멀리 산이 있고 가까이는 태양이 빛나며 앞에는 바다나 아니면 논밭이 있는 자연 풍경화라면 창문을 대신할 수 있다.

즉 벽으로 막고 있는 기운을 그림으로 대신 활성화시킨다는 것이

다. 그 그림 아래에 스텐드가 있다면 한껏 기운을 상승시키고도 남을 것이다. 필자의 집은 동쪽에 주방이 있으나 창문은 없다. 동쪽에 만약 창문이 있다면 밝기도 하려니와 햇살도 들어올 것이다.

물론 전등을 켜면 밝아지겠으나 아침 해와는 성질상 에너지가 다를 것이다. 그래서 이를 대신하여 그림 한 점을 붙였다. 그 그림은 다름 아닌 빨간 사과를 담아놓은 정물 그림인 것이다.

이렇게 설명을 하면 이해를 할 것이다. 두말할 것 없이 빨간 사과는 곧 태양의 이미지인 것이다. 이 이미지로 태양을 대신하였다고 할 수가 있다.

이 그림을 걸고부터는 주방에서 만드는 요리의 질이 훨씬 달라졌다. 태양을 대신하는 사과의 기가 조리에 감미되었기 때문이다. 만약 그림이 없다면 화병에 빨간 꽃송이를 꽂아놓아도 대신할 수가 있다. 이렇게 기가 있어야만 하는 자리에 벽이 가로 놓여 막고 있다면 이 방위의 기를 상승시킬 인테리어가 필요로 하다.

그래서 여기에 그림을 장식해 두면 기운이 더욱 좋아질 것이다. 예를 하나 들어보면 밤에 잠을 자지 못한다고 하는 이가 있다. 이럴 때 푹 잘 수가 있도록 그림에 대해 언급해 보도록하자. 흔히 부처님인 석가가 열반을 할 때 북쪽에 머리를 두고 있었으므로 두한족열(頭寒足熱)이란 말이 생겨났는지 모르겠으나 방에서도 북쪽과 남쪽의 기온차이가 다른 것은 사실이다.

어린아이들을 넓은 방 한복판에 그대로 자도록 놓아두면 어느새 뒹굴다 머리를 북쪽에 향해 있다. 북쪽이라고 하는 것은 가장 안심과 안정이 된다는 방위라 할 수 있다. 이와 같은 의미 때문에 풍수에서는 북쪽에 더욱 침착하고도 안정감을 줄 수 있는 그림을 걸어두면 그 기가 상승하여 불면증에 큰 효과가 있다고 한다.

북쪽은 어느 집이고 대게 태양이 직접 닿지 않는 방향이라 할 수 있다. 그리고 또 밤하늘을 상징하기도 하는데 밤 하면 역시 달이나 별을 떠 올릴 수 있다. 그래서 잠이 오지 않는 이에게는 별이나 달이 있는 그런 그림을 걸어두면 잠을 깊이 푹 잘 수가 있다고 할 수가 있다.

이렇게 해도 잠이 잘 오지 않으면 그림 아래에 물컵을 놓고 물을 가득 담아두고 잠을 청한다면 숙면할 수 있을 것이다.

황금, 즉 돈과 관련이 큰 색상은 역시 노란 색상이다. 그러므로 돈을 바라고 원하는 사람이라면 이 노란 색상에 필히 관심을 가질 필요가 있을 것이다.

노란 꽃 그림이나 아니면 황금빛으로 물들어 있는 저녁 노을의 그림을 서쪽 방위에 걸어두고 열심히 뛴다면 확실히 돈이 쌓일 것이다. 이것은 고가의 좋은 그림에서 가치를 부여하는 것이 아니라 색상과 어울리는 방위가 결정한다고 할 수가 있다.

그림이라 하더라도 그림 그대로 장식해서 걸어둘 것이 아니라 반드시 황금색이 나는 좋은 액자 속에 넣어 거실이나 침실 서쪽에 걸어두면 황금이 굴러들어온다고 할 수 있다.

15 지갑에 돈이 마르지 않으려면 골드카드 한 장은 꽂고 다녀라

지금 당신의 지갑에 가지색이 몇 장, 가랑잎색이 몇 장, 배추색이 몇장 들어 있냐고 물으면 어리둥절할 사람들이 적잖을 것이다.

가지색은 천원권이고, 가랑잎은 5천원권이며, 배추잎은 만원권이다. 항상 이 지갑 속에 배추잎이 두둑하게 들어만 있어도 가슴이 펴지고 기운이 용솟음친다. 허나 이와는 반대로 겨우 가랑잎 한두 장이나 가지색 몇 장이 겨우라면 저절로 힘이 없고 맥이 빠질 것이다.

사내자식이 어디를 가도 "주머니가 두둑해야 든든하다" 하시던 선친의 말씀이 가끔 생각이 난다. 그러기 위해서는 돈을 쓰지 않는다 하더라도 외출시는 반드시 지갑 속에 어느 정도 돈을 두둑하게 넣고 다니는 것이 좋다.

그렇다고 함부로 이 돈을 낭비해서는 곤란하다. 돈은 넣고 다니더라도 꼭 쓸자리에서만 써야지 함부로 낭비를 해서는 절대 지갑이 채워지지 않는다. 낭비벽에 지갑이 비거나 아니면 겨우 가지색 몇 장이 달랑일 것이다. 이런 경우라면 유달리 지갑에 신경을 써야만 할 것이다.

필자는 지난 연말에 인천에 있는 K사장에게 보잘것 없는 새 지갑 하나를 선물로 주었다. 근래 중소기업청 시상식 자리에 나갔다가 기념품으로 작은 선물로 받은 것이다. 가치로야 별 것 아니지만 의미로는 크기 때문이다. 내 지갑은 아직은 사용할 만한 것이어서 그대로 사용하고 K사장에게 건낸 이유는 사업이 여의치 않다는 징징거리는 소리를 듣고 있던터라 돈을 모으라는 뜻인 것이었다.

물론 그도 지갑을 가지고 있는 줄은 안다. 하지만 가지고 있는 지갑이 오래된 지갑인 것 같아서이다.

풍수에 있어서는 지갑의 기운운수를 대략 3년쯤으로 본다. 새 지갑은 운이 큰데 비해서 낡고 오래된 지갑일수록 운이 쇠하다고 믿는다. 정확히 말하자면 좋은 운수는 1,000일 정도로 보기 때문이다. 그러므로 낡고 오래된 지갑을 가지고 있다는 것은 돈이 붙지 않는다는 결론이 된다. 그 뿐만 아니라 지갑은 밝은 곳은 좋아하지 않고 어두운 곳을 좋아하므로 되도록이면 어두운 장소에 간수하는 것이 좋다.

나의 경우 밤에 집에 돌아오면 양복 안주머니에서 지갑을 꺼내어 책상서랍이나 아니면 작은 금고 속에 넣어두었다가 외출시에 이 지갑을 소중하게 간직하고 외출하게 된다.

또 다른 이유라면 이 지갑속의 돈이 조용한 곳에서 깊이 잠들고 쉬라고 하는 의미가 들어 있다. 돈은 어두운 곳에서 깊이 수면을 오랫동안 취하는 것을 좋아하기 때문이다.

돈은 별로 없지만 지갑 두 개를 주로 이용을 하는데 보관용과 전용지갑이다. 보관용은 주로 집에 놓고 다니고 전용은 아랫바지 뒷주머니에 넣고 다녀도 좋겠으나 소매치기에 당할 염려가 있다는 말을 듣고부터는 바깥주머니나 아니면 양복 안주머니에 넣고 다닌다.

이렇게 넣으면 손이 쉽게 닿기 때문이다. 지갑을 살 때는 자신과 어울린다고 할 수 있는 상생인 길의 방위에서 구입하는 것이 좋다.

또 해외로 여행을 떠날때는 지갑 속에는 평소 사용을 하는 크레디트카드 3장을 넣고 간다. 3이란 숫자는 안정과 건강을 지켜주는 숫자이므로 행여 여행중 불의의 사고같은 것을 예방하기 위해서라 할 수 있다.

만약 3장이 안되면 복사를 해서 3장을 만들고 또 4장을 만들때도 있는데 이것은 만나는 사람이 좋은 사람이 되기를 바라는 뜻에서이다. 지갑 속의 크레디트카드 3장 중 복사분은 실물이 아니므로 지참을 해도 쓸 수가 없다. 그러므로 낭비는 자연 줄게 된다고 할 수 있다.

위에서도 언급했듯이 같은 지갑을 5년 이상 사용하면 돈 자체가 실증을 느끼게 된다. 그래서 되도록 3년 이내로 대치하는 것이 좋다. 그러나 3년 이상의 지갑이라고 해서 버리는 것이 아니라 낡은 지갑을 서랍이나 아니면 금고 속에 고이 모셔 둔다.

풍수에 있어서 잘 보관한다고 하는 것에 관심을 가지는데 특히 수납법이라고 하여 대단히 중요시한다. 만약 이 수납장소가 행운의 기운이 지나는 가장자리에 놓여 있다라고 한다면 돈은 점점 쌓이게 되어 있다.

새 지갑을 사거나 아니면 구할 때는 조금은 부담이 되더라도 돈에 투자한다는 생각으로 값비싼 고급품을 고르는 것이 현명하다. 구입장소도 외국이면 더욱 좋겠으나 그렇지 못하더라도 국내에서도 먼곳에서 구입하는 것이 좋은데 주로 서방위가 좋다. 그러므로 만약에 해외로 나가는 사람이라면 한국에서 되도록 서쪽 나라에 가서 산 지갑이 행운을 불러온다고 할 수 있다.

여행중 수중에 넣는 지갑은 금운을 한껏 높여주기 때문이다. 이렇게 되면 누구나 효과가 있을 것이니 한번쯤 시도해 보는 것도 좋을 것이다.

지갑은 일반적으로 검은색이거나 아니면 차색 혹은 감색 등이 대부분인데 돈을 꽂는 안창은 흑, 적, 황, 핑크, 그린, 황금색이어야 무난하다고 할 수 있다.

어떤이는 지갑이 붉은색이면 돈이 빠져나간다고 하지만 돈을 꽂는 안창이 검다면 별로 문제가 없다고 할 수 있다.

다음으로 근래와서 각종 카드 발행으로 여러 가지 카드를 많이 이용을 하고 있지만 이것을 8장 가지면 가장 좋다고 할 수 있다.

　본인은 이렇게 많은 카드는 없으므로 주로 도서대출용 카드로 대신하고 있다. 8장은 8방위에 해당된다고 하여 8방의 기운을 모두 모은다는 의미가 된다.

　요즘 경제불안의 타격심리 때문인지 역학소의 부적이 불티나듯 팔린다고 한다.

　이렇게 얻어진 부적을 지갑 속에 넣고 다니는 사람들이 많은 모양인데 황금 부적운을 써서 이 안창 속에 넣고 다니는 것도 심리적 효과적으로 클 것이다. 이것말고도 해외에 나가 서쪽에 위치한 나라의 화폐 같은 것이 있으면 넣고 다니는 것도 상징적 의미로도 무난하다고 할 수 있다.

　명심해야 할 것은 돈이 지갑 속에 가득차는 황금운을 만들자면 크레디트카드 중 필히 행운의 색으로 알려진 황금색상의 카드 한 장쯤은 반드시 이 지갑 속에 넣고 다니는 것이 지갑 속에 돈이 마르지 않는 비결이 될 수 있을 것이다.

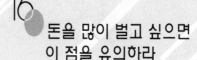

돈을 많이 벌고 싶으면
이 점을 유의하라

서방은 돈이 있는 방위라고 했다. 그러므로 독자들은 서방 방위를 언제나 기억하고 관심을 가지면서 살아가는 것이 좋겠다.

가상학의 운세를 보면 물질적으로 굉장한 혜택을 받는다고 되어 있다. 또 금전을 모으고 저축할 수 있다고 되어 있다.

이는 희열, 화락, 윤택, 부귀로 되어 있으니 이것이 돈이 아니고 무엇이겠는가.

상업이나 사업을 하는 사람은 이 부위의 행운을 많이 받게 된다. 결국 작은 돈이 불어나고 봉급 생활자도 정해진 봉급 이외에 부수입이 들어오고 금전 말고도 물자 형태로 이익을 보게된다.

이는 서방위가 황색을 뜻하기 때문이다. 가령 결혼할 때 신부는 노랑저고리에 분홍치마를 입는다. 이것의 의미는 노란색이 권위, 생동, 용기, 결단 등의 뜻이 있는데 이는 잘 산다는 것과 관련이 있는 것이다. 그러니 이 두 가지 색상을 배합한 것은 두말할 여지없이 5행을 맞추게 한 것이다.

음식을 섭취할 때도 귤, 참외, 카레 등 노란색의 음식을 즐기면 금전의 운이 있다. 서쪽 창문 밑에 노랑색의 꽃을 놓아두면 역시 금전의 행운을 잡을 수 있다. 이를 바탕으로 돈을 많이 벌고 싶으면 아래의 사항을 유념하면 된다.

행운을 갖고 오는 생활풍수

1. 액세서리는 금색, 은색을 착용하라.
2. 가구는 모난 것 보다 둥글둥글한 것을 택하라.
3. 서쪽 방위에 노란색을 장식하라.
4. 동쪽 방위에 빨간색을 두어라.
5. 북쪽은 옷장, 통장이나 귀금속류는 녹색천으로 감싸 놓아둔다.
6. 침대는 서쪽에 베게는 남쪽에 둔다.
7. 침대는 방 중간에 놓고 출입문과 직선이 되어서는 안 된다.
8. 침대는 벽에 붙어서는 안 된다. 기가 자유로이 회전하도록 해야 하기 때문이다.
9. 방바닥이 차면 돈의 기운이 식고, 황색계통의 장판을 깔아라.
10. 커튼이 지나치게 두꺼우면 금전운이 차단되기 쉽다.
11. 창문은 동쪽 방향이 좋다.
12. 방의 인테리어는 옷, 장식, 가구, 화초 등 모두 노란색이 좋다.
13. 벽시계는 동쪽 창문 옆에 걸어라.
14. 화장대는 서쪽, 양옆에는 노란색 갓을 씌운 스텐드를 놓는다.
15. 테이블은 덮개를 깔고 의자는 노란색 쿠션을 놓아라.
16. 옷이나 문구류를 빨간색으로 바꿔 금운을 상승시켜라.
17. 값어치 있는 물건은 함께 담아 북쪽이나 북동쪽에 보관하라.
18. 복권에 당첨확률을 높이는 것은 베이지색과 빨간색이다.
19. 은행은 집을 기준으로 서쪽에 있는 은행과 거래하면 좋다.

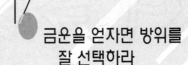

17 금운을 얻자면 방위를
잘 선택하라

세상에 재물을 등한시하는 사람은 거의 없을 것이다. 그러나 금전
이란 땀흘려 열심히 일한다고 하는 것만으로 모이는 것이 아니다.

금전운은 사람의 의지나 욕심으로 되는 것이 아니라 의지와 함께
가상운이 따라야 한다. 즉, 8방위에서 따르는 길상을 찾고 잡아야
하는 것이다.

풍수를 알면 자신에게 맞는 길상을 찾을 수 있다.

서쪽은 태괘로서 연못을 간직하고 있는 곳이니 돈이 모여드는 곳
이다. 오행상으로는 금이니 역시 돈이 있는 곳임에 틀림이 없다.

또 동남 방향은 신용의 방향이라 할 수 있다.

무엇보다도 상이 근본이며 상이 없으면 아무일도 생겨나지 않는
다. 그러므로 이 상처럼 중요한 것은 없다. 사람은 사상에 의해 모
든 행동을 하고 움직이게 되어 있다. 만약 이 사상이 없다면 움직임
(행동)이 없을 것이다.

사람의 생각은 사람의 사상에 따라 각기 다를 수 있다. 그것은 사
람의 얼굴 모습이 열이면 열 다 각기 다르듯 사상인 생각은 다르기
마련이다.

생활근본이라고 하는 집도 역시 형태에 따라 각기 다르다고 할 수
있으므로 사람의 운도 길상도 되고 또 한편으로는 흉상도 된다. 즉

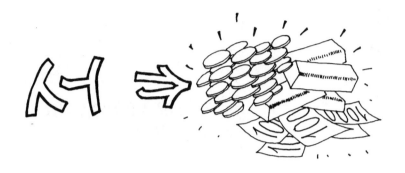

가상에 지배된다고 할 수 있다. 더구나 집에 사는 사람 역시 성격과 생각이 다르므로 이 가상에 상생시켜야 할 일은 용혹무괴하다고 할 수 있다.

가상의 길흉은 한마디로 사람에게 있어 육체적으로 큰 영향을 안겨 준다고 할 수 있다. 방위면에 있어서도 서쪽과 서북쪽은 금전운 말고는 인체에 있어 폐장을 관장하고 판단하는 방위이다.

필자와 자주 왕래하는 시인 한 분이 있는데 이 집의 주업은 부인이 맡고 있다. 정육점을 운영하는데 서쪽에 위치하고 있어서인지 영업이 잘 된다고 소문이 무성하다. 인근 정육점은 파리를 날리고 있는데 장사가 잘되는 이유가 뭐냐고 묻자 그분은 당연한듯 "신용이지요...'라고 답한다.

처음엔 무뚝뚝한 부인의 성격 탓에 애로가 있었으나 신용으로 시간이 지나자 영업이 잘되더라는 것이다.

필자가 생각하기로는 필히 방위가 가져다준 에너지 그리고 이미지가 이같은 행운을 가져다 준 것이라 믿어진다. 여기서 금운은 바로 방위에 달려 있다고 확실히 말하고 싶다.

돈을 벌자면 신용을 얻어라. 이 말은 평범한 생각이다. 하지만 실천과정이 문제다. 이는 실천 가능한 에너지가 계속적으로 상생해야만 가능한 것이다.

18

금운을 얻고자하면 현관을 중요시하라

현관은 사람의 얼굴처럼 집의 첫인상을 좌우하며 또한 운기를 표현하는 곳이다.

집안으로 들어오는 운이 처음 만나는 곳이 현관이기 때문에 현관은 풍수학적으로도 매우 중요시 여기는 곳이다.

현관의 크기는 클수록 좋다고 할 수 있으나 대체적으로 집의 크기와 가족수에 비례하여 생각하면 알맞다.

현관문 역시 지나치게 크지 않고 그 집의 가족수에 맞게 만들면 되는데 요즘 아파트처럼 모든 집의 문이 일률적으로 같은 것은 적당하지 않다고 할 수 있다.

또한 문이 밖으로 열리는지 안으로 열리는지도 따져 보아야 한다.

현관 내부는 좁은데 안쪽으로 열 수 있게 되어 있다면 불편하기 때문에 밖으로 열리는 현관문이어야 할 것이다.

바닥은 대개 식재, 도자기 혹은 타일, 벽돌 등으로 되어 있는데 너무 화려한 색상보다는 수수하고 무난한 회색이나 베이지 계통이 무난하다.

또 현관 안에 두는 신발장이나 우산꽂이 등은 원색의 나무장이 무난하며 특히 도기로 된 꽂이가 가장 좋다.

현관의 벽면은 요즘 많이 이용되고 있는 목재나 석회보다는 무늬

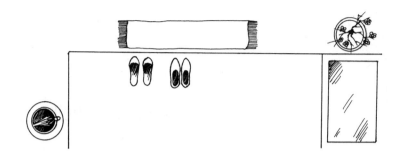

가 들어 있는 베니아 판을 이용하는 것을 권하고 싶지만 벽지를 이용할 경우 직물로 된 벽지를 사용하고 밝은 색상을 사용하면 된다.

현관 천장에는 아래로 비치는 형광등이나 백열등 보다는 유리로 된 샹데리아가 좋으며 이 속에 흔들리는 종을 달아 사람들이 스치거나 바람이 불 때 종소리가 은은하게 들리면 금상첨화이다.

현관의 빈 공간에는 꽃 화분이나 관엽식물 등을 한, 두 그루 정도 두어 집안에 활기가 생기도록 한다.

이는 풍수학적으로 생기를 불러들일 수 있는 중요한 조건이 된다.

또한 신발은 한쪽만 놔두는 것은 좋지 않으니 반드시 양쪽을 다 놔두어야 하며 사용하지 않는 것은 보이지 않는 곳에 놓아두고 언제나 가지런히 정돈을 해둔다.

그리고 현관에서 집안으로 오르는 곳에는 반드시 깔판을 마련해 두어야 한다.

이것은 밖에서 들어오는 나쁜 흉운을 막을 수 있는 방법이니 꼭 명심해 두기 바란다.

무엇보다 현관은 늘 깔끔하게 정리해 두어야 한다.

특히 주의해야 할 점들은 현관 앞에 인형이나 개집 같은 것을 놓아두면 밖에서 들어오는 기를 다 흡수해 버리기 때문에 다른 곳으로 옮겨 놓아야 하며 현관문이 북쪽에 있으면 금운이 반으로 줄어들기 때문에 피해야 한다.

19
돈을 기쁘게 해
주어야만 돈이 따른다

분명하게 말할 수 있는 것은 풍수는 돈을 좋아한다고 할 수 있다. 이것은 돈이란 "행복을 얻기 위한 최고의 좋은 도구"로 누구나 그렇게 생각하고 있기 때문이다.

다시 말해서 돈은 "나의 행복을 측정하는 척도"가 되고 있다. 돈 없이 궁핍하기 보다는 풍부하고 많은 것이 즐겁고 행복하기 때문이다. 이것은 누구나 실감할 수 있는 것이다.

열심히 노력은 하나 돈이 따르지 않는다고 답하는 사람도 있을 것이다. 이는 더 많은 노력과 지혜를 구하지 못한다는 것과 돈벌이를 어딘가 천하다는 생각 때문에 자존심이 상한다는 생각이 있기 때문에 그렇다.

돈벌이라고 하는 것은 사람의 집약된 지혜임에도 불구하고 노력과 자존심을 송두리째 버리지 못하기 때문에 그런 것이다. 그러나 돈이 목적이 되어서는 안된다.

즉, 행복을 잡기 위한 수단이나 도구로 생각해야 한다. 큰 집을 갖고 싶어하는 것도 좋은 차를 갖고 싶은 것도 어디까지나 행복을 얻기 위한 수단이라 생각해야 한다는 것이다. 이런 기본 원칙을 절대 벗어나서는 안된다.

금전운을 좋게 하자면 우선 돈을 쫓을 것이 아니라 따라오도록 해야 한다. 그래서 돈에게 잘 보이도록 돈을 기쁘게 해 주어야 한다.

풍수는 환경학으로 어떻게 하면 "내가 행복할 수 있을까?"라는 학문이다. 어떤 풍수사는 "가운데 손가락에는 반지를 끼지마라" "서쪽 창문에는 노란색 커텐을 치도록 하라"는 지시를 하는 이도 있는데 이는 모두 환경과 관련이 있기 때문이다.

그렇다면 돈을 따르게 하는 인테리어는 어떻게 하면 좋을까?

우선 동쪽에 창문이 있어야만하고 아침 햇살을 받아들일 수 있어야만 한다. 우주의 신비로운 기를 얻을 수 있기 때문이다. 그러나 돈 버는 방위는 서쪽 방위이다. 즉, 서쪽에 노란색 물건이나 노란 빛깔의 꽃을 많이 장식하면 금운을 얻을 수 있다. 간략하게 풀어보면

북서, 북, 동북: 옷장, 장롱, 책상 순으로 놓는다. 귀중품은 북쪽에 넣어 두는 것이 기본이다. 동북쪽에 하얀 꽃그림을 장식하면 좋다.

동: 창문이 있으면 좋다. 커텐은 빨간색 계통으로 하고 원포인트 무늬가 들어있는 천이 좋다. 동쪽 벽에 벽시계를 걸면 행운이 온다.

동남: 텔리비전, 오디오 등을 놓는다.

남서: 장롱, 옷장을 놓는다.

서: 화장대를 놓고 그 양옆에 노란색 등이 켜지는 스텐드를 한쌍 놓으면 행운이 따르게 된다. 의자나 방석도 노란색이면 좋다.

중앙: 중앙에 침대를 놓고 북을 향해 머리를 두고 잔다. 이불색은 하얀 색깔인 순백색이 좋다.

그러나 이와 같은 것들은 그 방위가 정확해야만 효과를 볼 수 있다. 우선 집의 중앙 방위를 잡는 것이 중요하다. 집의 중앙은 사각형의 집인 경우 사각의 양 끝을 대각선으로 그어 두 대각선이 만나는 꼭지점이 중앙의 위치이다.

이 꼭지점에 나침반을 놓고 동서남북의 네 방위를 정확히 가려내야 한다.

제3장

건강운과 풍수

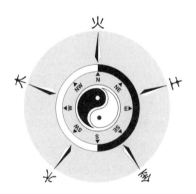

황종찬 박사의
생
활
풍
수

1. 건강하려면 1일 5색주의 (五色主義)를 실행하라

우리는 보통 하루 세끼(三食)를 식사로 해결을 하고 있다. 그것은 인체에 있어서 육체적으로나 시간적으로 영양공급에 가장 적절하기 때문이다.

우리 민족은 오래전부터 쌀을 주식으로 해온 민족으로서 이 식사로 얻어지는 영양으로 생활을 해 왔다. 이런 식사는 밥과 더불어 반찬으로 이루어지는 것들이다.

물론 쌀 이외에도 보리, 콩, 조, 옥수수 같은 잡곡도 섭취하지만 역시 주식은 쌀로 되어 있다. 그리고 또 반찬과 더불어 식사를 하게 되는데 된장찌개나 채소, 김치, 고기 등 각종 반찬을 함께 섭취해 왔다. 하지만 이런 식사를 하고 있으면서 어떤 색상(色相)을 먹고 있는가를 생각해 본 적이 있는가가 궁금하다.

쌀은 흰색이고 조, 옥수수 같은 것은 노란색이라 할 수 있고, 검은 깨, 붉은 팥 등으로 구분하기도 한다.

물론 채소나 과일류에 있어서는 피망이나 당근은 붉은 색이고, 검정콩은 흑색이며, 황색은 귤, 레몬이나 바나나 같은 것은 하나 같이 노란 색으로 구분이 된다. 그런데 이런 색깔의 식사를 고루 먹고 있는가를 제기하고 싶다.

왜 이런 말은 하는가 하면 풍수에 있어서는 5색을 중요시하기 때

문이다. 이 5색은 5행에서 생겨난 것으로서 흑, 백, 황, 적, 녹의 다섯 가지 색상이다.

물론 이런 색상 외에도 더있겠으나 색의 기본은 5색으로 이 다섯 가지 색상을 이리저리 혼합하면 다른 여러 가지 색상을 만들게 된다. 이런 다섯 가지 색상을 고루 먹는다고 하는 것은 단지 한가지 색상을 먹는 것보다는 건강하다고 할 수 있다.

또 자주 먹는 육류의 경우도 마찬가지이다. 닭에 있어서 오골계(烏骨鷄)는 검정색이고, 쇠고기는 붉은색이라 할 수 있다. 물론 야채류는 초록색이다. 이외에도 야채나 과일에 있어서 토마토는 붉은색이고, 붉은 고추, 구기자 열매, 붉은 피망 등 생각해 보면 수없이 많다.

이것이 영양면에 있어서 우리의 건강을 지탱한다고 하면 의아하게 여기는 사람이 없지 않을 것이다. 하지만 그것은 명확한 사실이라 할 수 있다.

이러한 의미는 영양학적 측면에서도 있다고 하겠으나, 면역적인 효과도 있다는 사실이 입증되고 있다. 중국에서는 일찍부터 이런 사실을 알고 종합색채 식품주의가 번창한지는 이미 오래되었다.

이를 시각주의라고도 한다. 이와는 달리 미각(味覺)주의라고 하는 것도 있어서 「五味主義」라고도 한다. 이 다섯 가지 맛(味)은 각자 다섯 가지 영양이 다르다고 한다.

예를 들면, 다섯 가지 맛은 매운(辛) 것, 신(酸) 것, 떫은(苦) 것, 단(甘) 것, 짠(鹽辛) 것 등으로 구분할 수가 있는데 5미와 더불어 5각의 효과가 있다고 할 수가 있다. 그래서 신맛(酸味)은 소화액 분비를 촉진하여 간장(肝臟)에 좋다. 매운 맛이라고 할 수가 있는 파는 폐(肺)에 좋다.

떫은 맛의 신오이와 감 등은 심장(心臟)에 좋다. 단맛은 비장(脾臟)에 좋으며, 짠 것은 신장(腎臟)에 좋은 것 등으로 알려져 있다. 한방의학에서는 이를 이용하여 치료에 이용하고 있다.

이러한 색미(色味)를 염두에 두고 주부는 요리를 만든다고 한다면 가족의 건강은 이상이 없다라고 할 수가 있을 것이다. 건강만이 아니고 행운과도 집결되어 있어서 돈과도 깊은 연관이 있다.

주부는 이런점을 십분 활용하여 색의 시각과 미의 감각을 십분 활용해서 요리건강요법을 실행해야만 할 것이다.

건강법의 5색5미를 다른 측면에서 살펴보면 따뜻한 색상과 맛이 건강에 유익하다라고 할 수가 있겠다. 그래서 색상이 식욕과 관련이 많다고 할 수가 있다.

그러므로 건강을 위해서는 식욕을 돋우는데 관심을 쏟아야만 옳을 것이다. 건강은 오로지 주부의 손에 달려있다고 할 수가 있다. 그것은 5색주의를 택하여 가족의 구미를 책임지기 때문이다.

풍수는 이 5색주의로 건강을 지킬 수 있도록 하였다.

2. 원망법(願望法)을 이용 색풍수(色風水)를 알고 건강을 찾자

풍수에 있어서 색풍수(色風水)라고 하는 것이 있다. 자신에게 행운을 가져오거나 건강해질 수 있는 색이 있는 것이다.

가령 지금 내가 어떤 색깔을 좋아하는가 하는 것을 머리 속에 떠올려 볼 수가 있다. 이때 한 가지 색이 떠올랐다고 하면 이 색을 통해 자신의 인체가 어딘가 약하거나 나쁘다고 하는 사실을 알게 된다. 이런 것을 "원망법"이라 하는데 이런 방법을 알기 위해서는 인체부위를 5행으로 나누는 것을 알아두는 것이 중요하다.

하늘은 별, 땅에서는 사람이라고 하는 말이 있는 것 같이 별에는 모두 다섯 점(5点)으로 이루어져 있다. 이 별 모습은 흡사 사람이 양손 양발을 벌리고 있는 것 같은 그림의 별이다.

1. 머리와 윗가슴 부위는 적색(赤色)
2. 가슴 중간 부위는 (비장과 혈액) 황색(黃色)
3. 동그라미가 있는 위 부위 녹색(綠色)
4. 배꼽 아래부터 윗다리 부위 흑색(黑色)
5. 수족과 폐 부위는 백색(白色)이다.

이를 다시 정리해 보면,

목은 肝과 膽, 토는 脾과 胃, 화는 心과 小腸, 금은 肺과 手足, 수

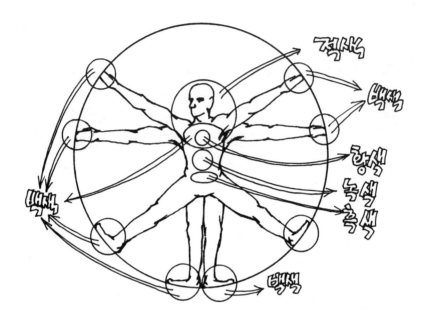

는 **腎腸**과 **生殖器**라고 할 수가 있다.

자, 이제는 신체의 부위와 부위의 색상을 알았다. 이 부위와 색상을 이용해서 색(色)을 알아보았다.

또한 색을 이용하여 병을 알아 볼 수도 있다. 이때 마음을 비우고 정신을 집중하여 어떤 색상을 떠올려 보기로 한다.

가령 청색을 떠올렸다고 하면 청색은 녹색이고, 녹색은 신체 부위에서 동그라미가 있는 부분임으로 '胃'에 해당이 된다.

위가 약하면 자연히 녹색을 떠올리게 된다. 녹색이라면 이것은 무엇인가. 바로 채소에 해당이 된다.

다시 백색을 떠올렸다고 생각해 보자. 백색은 인체 부위에서 폐와 수족이므로 이곳이 약하면 백색을 떠올리게 된다. 여기서 흰색나는 색깔을 먹던가 보충을 하면 건강해진다라고 할 수 있다.

이렇게 당신의 떠올리는 색상에 따라 신체의 부위는 무의식 상태에서 색깔을 정하여 떠올리게 된다. 그래서 한방의학에서는 이점을 이용하여 신체에 있어서 나빠진 부위와 색상을 투여함으로서 질병을 치료하고 있다. 자신이 떠올리는 색상은 신체의「원망」이므로 여기에 대치하면 틀림이 없다라고 할 수 있다.

조금만 무리하고 과로를 해도 감기 몸살에 잘 걸리는 사람이 있다고 하자. 이 경우 대부분 손발이 차고 잘 체하고 자주 설사를 하게 된다. 이런 사람은 자신의 신체에서 허약한 부위와 색깔을 곧 알게 된다.

음식은 물론 의복도 이 색상에 따라 먹거나 입으면 건강해진다고 할 수 있다. 위는 알다시피 신체 부위에서 영양을 공급시키는 가장 소중한 기관의 하나다.

이 기관이 약하거나 고장이 있으면 신체 전체가 허약하다는 것은 두말할 여지가 없다. 그래서 각종 질병이 들기 마련인데 그 중에서도 감기 몸살을 앓는다고 하는 것은 당연한 일이다.

위가 고장이 생기거나 약하면 설사가 자주 생기고 설사가 자주 나면 저절로 몸이 허해져 감기에 걸리게 된다는 사실은 당연한 일이다.

이와 같이 색상풍수는 건강에만 국한하는 것이 아니고 인연은 물론 재물을 좋아하는 등 행운과도 직결한다고 할 수 있다.

요약하면 기는 반드시 색상으로 건강을 나타낸다고 할 수 있는 것이다.

행운을 갖고 오는 생활풍수

3 동쪽이 상하면
간장병(肝臟病)을 앓게 된다

최근 병원에 간장(肝臟)질환의 환자가 부쩍 많이 늘어났다고 한다.
IMF와 구조조정이라는 두 가지 긴 터널을 빠져 나오면서 서민 가
장들에게 있어서는 힘겨운 싸움을 겪고 있기 때문이다.

이 때문에 해마다 주량소비가 늘어나 상승곡선을 그리고 있을 뿐
만 아니라 개인에게 있어서는 불안과 초조심리가 과음과 폭식의 원
인을 낳아가고 있다고 한다. 결국 간을 혹사하기 때문에 유달리 병
원 문턱을 넘나드는 이가 많다고 한다.

간장이 나빠지는 이유는 무리한 노동과 정신적 스트레스, 과음과
흡연, 그리고 기름진 음식 등이 첫째 원인으로 꼽고 있다. 그래서 간
염환자가 많고 둘째는 간경병증 같은 무서운 질병에 시달리게 된다.

우선 간이 나빠지면 아무 까닭없이 피로하고 나른하여 의욕이 없
어진다고 한다. 또한 입맛이 별안간 떨어지면서 소화가 안된다. 때로
는 메스껍고 토하기도 하고 심하면 설사를 하는 경우도 있다.

담배를 피우는 사람이면 담배 맛이 갑자기 떨어지면서 소변의 색
깔도 간장 빛으로 변하기도 하며 눈의 흰자위가 황달이 생기는 경우
도 있다. 황달이 나타나면 열이 나기도 하며 대변 색깔이 회백색을
나타내는 수도 있다. 몸안의 여러 독소나 찌꺼기를 처리 못하거나
아니면 간에 염증을 일으켰기 때문이다.

이런 증세 때문에 간혼수, 복수 등이 이어지면 회복되는 경우도 있기는 하지만 수년이 경과하면 완전회복이 불가능하게 된다. 이렇게 무서운 병은 많이 피우는 담배와 폭음, 폭식이 원인이라고 본다. 이러한 원인은 사회적 환경에 직결되고 있다고 본다.

간은 인체에 있어서 오행상으로는 목(木)에 해당이 된다. 목은 또 동쪽이므로 동방위가 타격을 받는다는 것은 큰일이다. 간이 나쁘면 희망, 발전, 향상, 활동, 성장, 전진과 같은 화려한 의미를 다 잃기 때문이다.

이와 반대로 흉상이 되면 활기가 없어지고, 자연 일을 하려고 해도 활기를 얻지 못한다. 무엇보다 체력이 떨어지기 마련이다. 그밖에 노이로제나 목소리에 이상이 생기거나 두통앓이를 하게 된다.

이런 것은 간장뿐만 아니라 목에 해당하기 때문에 눈병이나 수족에 부상을 당하기 쉽고 신경계에 장애가 온다. 동방 부위에 결함이 있는 것이 그 원인이다. 이 방위에서 출생한 아이는 언어의 장애나 선천적으로 안질이나 심장질환도 생겨날 수 있다.

이와 같은 질병을 예방하려면 동방의 집안 내부를 세세히 살피고 관찰할 필요가 있다. 동방이 오염되거나 아니면 내외부에 타격이 있으면 이런 질환이 생겨나는 것을 명심할 필요가 있을 것이다. 그러므로 동쪽 침실은 노인들이나 간장질환 환자에게는 특히 좋지 않다.

만약 집안에 간질환 환자가 있다고 하면 침실을 서쪽으로 옮기는

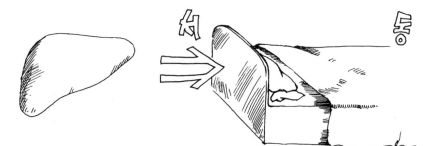

것이 좋다. 부득이 서쪽 침실을 사용하기가 어려울 때는 머리라도 서쪽으로 향하여 자도록 하는 것이 건강상 좋다고 할 수 있다.

서쪽 방위는 지구력이 있는 방위이므로 활동력이 있는 체질로 바꾸어줄 뿐만 아니라 건강회복에 많은 도움이 될 수 있을 것이다. 무엇보다 서쪽 방위에 머리를 두면 식생활에 있어서 구미를 얻게 된다. 구미를 얻는다고 하는 것은 활동력을 얻을 수 있다는 결과가 된다.

침실의 인테리어에 있어서는 벽지나 가구는 차분한 느낌이 드는 회색이나 베이지색, 연한 노란색으로 바꾸어 주는 것이 좋다.

그러나 서향의 햇볕이 지나치게 많이 들어오는 것은 좋지 않으므로 차단막이나 아니면 차분한 베이지색 계통의 커텐으로 드리우는 것이 좋다.

이불이나 속옷과 같은 것은 연한 청색이나 아니면 회색, 흰색 등을 입으면 좋다. 간질환이 대단히 나쁘다고 하면 노란 색깔이나 베이지색을 이용하고 서쪽 벽에는 적당한 크기의 거울을 걸어서 방안의 색상이 반사되도록 하는 것이 좋다.

또 간장통이나 위통으로 인해 잠을 자지 못하면 서쪽에 머리를 두고 약간 어둡게 하여 잠을 청한다면 고통도 잊고 숙면을 취할 수 있다.

간은 인체에 있어서 영양소를 재분해하여 혈액을 통해 전신에 공급하는 기관이므로 가장 소중하고도 중요한 기관이다.

풍수상 데미지를 받지 않도록 하는 것도 최상책이라 할 수 있다.

4 신장염과 방광염은
북쪽 화장실의 데미지 때문

우리의 음식 반찬에는 짜고 매운 것이 많다. 특히 겨울철 김장김치는 자극이 되어 질병의 원인이 되기도 한다.

김치가 상에 없으면 밥을 먹은 것 같지 않다라고 할 정도로 우리네 식탁에는 없어서는 안될 반찬이다. 소금에 저리고 고춧가루를 듬뿍 버무려 발효시킨 것이 김치이다. 겨울철 더구나 주부나 어린이들에게 자주 나타나 겪게 되는 신우염과 방광염은 학자들은 이 김치가 원인이 아닌가 보고 있다.

이러한 신장염이나 방광염은 콩팥(신장)과 오줌통(방광)에서 생기는 일종의 염증이다. 몸이 붓거나 피와 담백이 오줌에 섞여 나오기도 하고 혈압이 높아지기도 하는데 급성일 때는 오한과 같은 열을 수반하기도 하고 구역과 구토증세를 보이기도 한다.

특히 방광염이라고 할 때는 혈뇨나 아니면 농뇨까지 생기게 되는데 오줌을 눌 때마다 겪는 고통은 참을 수가 없다. 또한 아랫배가 붓거나 아니면 후중기라고 하여 오줌을 누고 싶으나 배설이 되지 않는 경우도 있다.

이와 같은 증세들이 갑자기 나타나는 급성신장염이나 방광염이라고 할 때는 비교적 쉽사리 병명을 찾아내기가 쉬우나 그렇지 못하고 만성으로 올 때는 발견하기가 그리 쉽지가 않다.

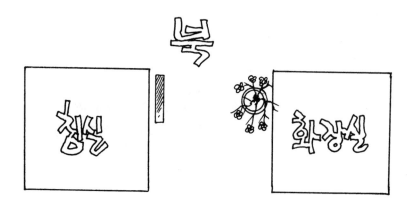

  이런 병은 처음부터 급성으로 올 때와 만성적으로 나타나는 경우가 비슷하기 때문이다.

  갓난아기가 어린이가 자꾸 보채고 울면서 고열이 날 경우에도 신우 신장염일 경우가 있고 신혼 여성이나 중년기 이후 여성들이 자주 몸이 부으면서 생기는 경우도 있다.

  특히 여성들에게 생기는 이 원인의 신장염과 방광염은 주로 외부에서 침입된 세균에 의해 생긴 염증이 대부분이라 한다. 이는 남성에 비하여 여성은 요도 길이가 짧으므로 안에서 이 요도를 타고 직접 방광에 염증을 일으키게 할 수 있기 때문이다.

  그와는 달리 혈류를 통해서 신우신에 전달하여 신장을 나쁘게 하기도 하기 때문일 것이다. 이렇게 신장을 앓는 체질을 보면 대게 몸이 뚱뚱하고 살결이 흰 여성들이 주로 많이 걸린다고 할 수 있다.

  신장염은 한번 나빠지면 자칫 만성으로 이어지게 되어 오랜 기간 투병을 하는 경우가 많다. 특히 중년기 여성들에게 고생을 안겨 주는 것은 임신때 호르몬의 영향관계와 어우러져 염증을 일으키게 되면 출산후에도 쉽게 낫지 않고 만성질환이 되는 것이다.

  이와 같이 신장·방광염이 나빠지는 것을 풍수학적으로 볼 때 북쪽 방위의 데미지가 그 원인으로 보고있다. 이 북방위는 오행상 수

(水)에 해당이 되며 색상은 검정(黑)색에 속한다. 신장과 방광은 주로 요관을 통해서 오줌을 밖으로 배출을 하게 되는 것이므로 역시 "수"에 해당이 된다.

만약 집안 구조상 화장실이 북쪽에 위치해 있고 침실이 그 방향으로 향해져 있다라고 하면 이런 질병을 앓을 확률이 높다. 침실과 화장실이 함께 같은 선상에 있다고 하는 것은 구조상 어울리지 않는다고 할 수 있다.

북쪽의 냉기와 습기가 어우러져 잠을 자고 있는 동안 침실의 사람에게 타격을 안겨주기 때문이다. 그러므로 화장실을 향해 침실이 있다고 하는 것은 결코 좋은 증세는 아니다.

이럴 때는 침실에서 화장실로 통하는 길에 밝은 불을 켜두거나 아니면 화려한 그림을 걸어두는 것도 좋은 예방책이 될 수 있다. 그뿐만 아니라 화장실 내부나 밖에 작은 상록 관엽식물이나 아니면 꽃화병을 들여다 놓아 악취를 가시게 하고 음기를 눌리게 하는 것도 좋은 방법이다.

화장실은 언제나 음습한 기가 충만한 곳이므로 되도록 불을 밝혀 환하게 해 두는 것이 좋다고 할 수 있다. 그러므로 청결하게 하는 것도 반드시 잊어서는 안 된다. 화장실 내부에도 따뜻한 그림을 붙여주는 것도 좋은 방법이다. 또한 신장·방광염을 예방하기 위해 검은밥이라고 할 수 있는 찰밥 등을 즐겨 먹는 것도 좋은 방법이다.

그 뿐만 아니라 검정콩을 섞은 밥이나 반찬도 예방이 된다고 할 수 있다. 신장이 나쁘면 남녀를 불문하고 성욕이 감퇴되는 것은 당연하다. 이점을 고려하여 가정의 평화를 위해서도 이런 병에 걸리지 않도록 각별히 신경을 쓰지 않으면 안 된다.

신장·방광염은 북쪽 화장실의 데미지가 그 원인이 된다.

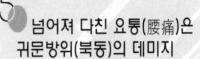

황종찬 박사의 생활풍수

5
넘어져 다친 요통(腰痛)은
귀문방위(북동)의 데미지

지난 겨울은 유별나게 눈이 많이 왔다. 32년만의 대 폭설이라고
하니 기상이변이라 아니할 수 없다.

이같은 피해 때문에 생활의 불편이 적지 않았다. 교통대란은 물론
이고 농산물의 피해로 야채류의 반입량이 줄어들어 채소값이 오르는
등 천재지변의 피해는 엄청났다.

그 중에서도 빙판길 교통사고로 많은 인명피해가 있었고, 특히 정
형외과는 대만원이었다고 한다. 눈 때문에 미끌어져 다친 사람이 많
았기 때문이다.

그 중에서도 가장 많이 다친 부위가 허리라고 한다. 이는 넘어지
면서 척추인 허리에 자극을 주었기 때문이다. 이것은 척추와 척추
사이를 연결하고 있는 추간판이 탈출해 밀려난 경우가 많았기 때문
이다.

이 추간판의 탈출증은 나이를 먹어감에 따라 수액이 퇴행성화를
일으켜 자극에 의해서 밀려나 신경을 압박해 통증을 느끼게 하는 증
세이다. 이렇게 되면 허리의 고통은 물론이고 보행을 불가능하게까지
하는 좌골신경통까지 와서 걸음을 전혀 걸을 수가 없게 된다.

이런 증상 말고도 무거운 물건을 들었을 때나, 높은 곳에서 떨어
졌을 때, 갑자기 자세를 바꾸었을 때 삐꺽한 것이 통증의 원인을 만

들기도 한다. 이렇게 허리를 상하게 하면 이것을 흔히 우리는 디스 크라고 하게 된다.

이 병이 생기는 원인을 풍수에서는 집의 중심에서 북동 방향의 흉상 때문이라 보고있다. 대부분의 경우 대중요법인 보존치료요법을 사용하면 어느정도 호전이 된다. 그러나 호전이 되지 않으면 수술을 받아야 한다. 한마디로 신경을 압박하고 있는 수액을 제거하는 수술을 하는 것이다. 그러나 일반적으로 실시하는 치료방법은 침상 안정이 제일 좋다고 할 수 있다.

북동 방위는 알다시피 귀문선(鬼門線)이라고 하여 가장 우려되고 위험한 방위라고 할 수 있다. 그러므로 이 방위에 해당될 흉액을 소멸되도록 최소한의 노력을 기울이지 않으면 안 된다.

만약 이 방위에 화장실이나 욕실이 있다면 특별히 조심해야 한다. 화장실 욕실의 청결은 두말할 것이 없고 습기와 냄새가 없도록 하지 않으면 안 된다.

또 이러한 곳은 음이 비대되어 있기 쉬우므로 밝게 하는 것이 가장 좋다고 할 수 있다. 또한 집밖에 전주가 뻗혀 있거나 아니면 풀장과 같은 곳이 있다면 이 역시 크게 해롭다고 할 수가 있다.

이런 점을 고려하여 주변의 환경과 청결, 통풍, 온도와 습도, 어둠

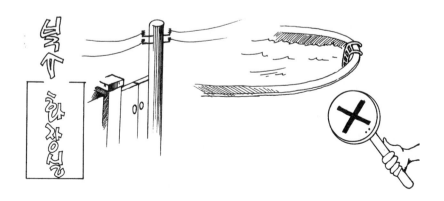

과 밝음 등에 각별하게 신경을 써야만 할 것이다. 만약 침실이 북동쪽에 있다라고 하면 남쪽 방으로 옮기는 것이 좋다. 또 디스크에 걸렸을 경우 남쪽 방으로 이동해서 잠을 잔다면 회복과 치료에 큰 도움이 될 수 있다.

만약 남쪽 창문 대신 벽이 있으면 이 벽에 벽걸이용 카페트 장식이나 아니면 초록빛 정원같은 그림 한 점을 걸어두는 것이 좋다고 할 수 있다.

또 침실문 밖에 식물 화분이나 아니면 붉은 꽃을 꽂은 화병 등을 놓게 되면 디스크 회복에 크게 도움이 될 수 있다.

잇꽃하면 잘 모르는 사람이 있으나 '홍화(紅花)'라고 하면 알 것이다. 이 홍화가 잇꽃이다. 한방에서는 주로 씨를 많이 이용하고 있는데 엉겅퀴과에 속하는 꽃으로 처음에는 노란색으로 피었다가 차츰 붉은색으로 변하게 된다.

홍화씨, 혹은 홍화주라는 말을 간혹 들었을 것이다. 이 홍화씨는 만성 관절염과 요통(디스크)에 잘 낫는다고 알려져 있다. 이런 디스크는 주로 「간경(肝經)의 기가 통하지 않아 생겼다」할 수 있으므로 인체의 기를 통하게 하는데는 이 잇꽃이 효과가 있다.

6월에 개화기의 꽃잎을 따서 그늘에 말린 것을 술로 담아 먹어도 좋은 것으로 알려져 있다. 요통의 부상은 북동방위이므로 절대로 오염시켜서는 안 된다.

풍수는 音, 香, 光, 風, 水, 氣 이 6기를 기본으로 하고 있다.

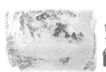

6 꽃을 집안에 장식하면
행운과 건강을 얻을 수 있다

풍수에 있어서는 화풍수(花風水)라고 하는 말이 있다.

꽃과 식물인 풀이나 나무를 두고 하는 말이다. 한마디로 이 화풍수의 영향은 대단히 크다. 꽃이나 식물이 있는 집은 늘 즐겁고 명랑하며 화목하다. 싱싱한 향기와 푸르름을 좋아한다고 하는 것은 행운을 가져다줄 뿐만 아니라 건강상에 좋다고 하는 것은 두말할 여지가 없다.

모르면 몰라도 꽃을 좋아하고 사랑하지 않는 사람은 별반 없을 것이다. 그러나 하루하루 바쁜 생활에 쫓기어 감상할 여유가 없는 것이 오늘날 서민들의 고달픈 삶이라고 할 수가 있다.

그런데 실제로 꽃을 장식하면 꽃을 보는 가족들은 대부분 행복하다는 것이다. 이는 흉상을 막기 때문이라 할 수 있다.

어쩌다 회사에 나가 책상 위에 작은 꽃병이나 식물이라 할 난(蘭) 한 그루를 보고 있노라면 마음이 순화되고 하루종일 즐거운 기분으로 활기차게 일할 수 있을 것이다.

그래서 만약 길상을 바라고자 한다면 꽃이나 식물을 가까이에서 볼 수 있도록 장식하는 것이 좋다. 꽃은 사람에게는 생기를 부여해 준다. 그리고 행운을 날라다 준다고 하는 힘이 있다고 보고 있다.

물론 이것을 집의 어디에 놓거나 장식을 해도 좋다고 할 수 있겠

으나 같은 값이라면 이 꽃이 기를 잘 흡수하도록 풍수 법칙에 의해
장식하는 것이 좋다고 할 수 있다.

이것이 풍수술인데 곧 화풍수가 되는 것이다. 그러니 풍수의 기본
은 음양오행설에 있는 것이다. 꽃이나 식물을 음양(陰陽)으로 분류를
시켜서 방안이나 집에 장식을 해서 음이 부족하면 양의 꽃을 장식하
고, 양의 기운이 성하면 음의 꽃을 장식해서 음양의 밸런스를 맞추
어 주어야만 한다.

이 때문에 꽃에 있어서도 신선한 느낌이 드는 색채는 양으로 분류
되고, 찬색상의 느낌이 주어지거나 아니면 작은 꽃은 음에 속하게 된
다. 그렇다면 작고 신선한 색채의 꽃이나 크고 엷은 색채의 꽃은 어
떨까요? 이럴 때는 어느 쪽이 더 효과적인가에 따라 배치한다고 할
수 있다.

그리고 꽃의 색깔에 따라서도 운기가 있다. 자신이 소망하는 소원
에 따라 이 색상이 달라진다고 할 수 있다. 또 방위에 따라 색상도
결정이 된다. 예를 들면 서쪽은 노랑색이고, 노랑색은 황금운으로 흡
수시키고 파워를 높이는 색상이므로 만약 돈을 원한다면 서쪽에 노
란 색상의 꽃을 장식하면 뜻이 이루어지는 것이다. 동쪽은 붉은색의
꽃, 원기가 활기를 주고 기획하는 바가 활성화된다.

중앙은 자색 같이 방위에 따라 꽃 색상을 놓게 된다. 이와 같이 방위에 따라 같은 꽃이라도 색깔에 따라 힘을 더 받고 활성이 더 이루어지게 된다. 또 꽃의 장식에 있어서는 높게 장식하거나 삼각으로 혹은 옆으로 퍼져나가게 하는 등 여러 형태가 있다고 할 수가 있다.

그것은 집안에 들어온 좋은 기가 꽃의 형태에 따라 많이 머물거나 아니면 적게 머물게 되기 때문이다. 본인이 사는 이웃에는 전회장이라고 부르는 장군 출신의 집이 있다. 이 장군 부인은 어찌나 꽃을 젊어서부터 좋아해 현재 80여 평이나 되는 집안 정원에 가보면 사계절 피지 않은 꽃이 없을 정도로 형형색색 꽃들이 피어 있다. 팔순 노부부가 사는 집이지만 그렇게 건강하고 행복할 수가 없다. 경제적 여유도 곤란이 없으므로 운동삼아 집안 정원을 가꾸고 잔디를 깎아 주는 일이 생활의 일부다.

이런 것을 보노라면 역시 꽃은 행운을 실어다 오고 건강을 지켜주는 것이 아닌가 싶다. 모르면 몰라도 이 노부부 내외의 건강을 볼 때 앞으로 20~30년은 거뜬히 살 수 있을 정도로 장수하실 것이고 재정면에 있어서도 그리 어려움을 느끼지 않을 것이다.

왜 그런 단언을 할 수가 있느냐면 꽃과 식물이 있는 정원이 있는 집에 살고 있으므로 이들 노부부에 있어서는 마음의 여유가 있기 때문이다. 마음의 여유가 있다라고 하는 것은 꽃을 좋아하고 식물을 가꿀 줄 알아 늘 그 기운을 받을 수가 있으므로 마음의 평정을 이룬다고 할 수가 있다.

그러므로 건강하고, 또 한편으로 재운이 있어서 어렵게 살지 않는다. 이만하면 유유자적하고 노후가 행복하다고 할 수 있는 것이 아니고 무엇인가.

일소일소(一笑一少), 일노일로(一怒一老)란 말도 있거니와 마음이 기쁘면 자연 행복하고 행복하면 건강할 수가 있다.

몸과 마음의 건강에 있어서 한마디로 집은 가장 중요한 공간이라 말할 수 있다. 꽃을 장식하는 것, 이 작은 일로 집과 사람이 건강하고 새로워질 수가 있다.

황종찬 박사의
생활풍수

7
위장과 부인과 질환이
있으면 남서 방위의 화장실 데미지

5,60년대만 해도 의사는 청진기 하나와 혈압계만 있으면 개업을
할 수가 있었다.

시진이나 아니면 촉진 또는 문진만으로 병명을 결정하였기 때문이
다. 하지만 현대의학은 어디까지나 과학적 근거에 의한 확인이 필요
하므로 각종 검사와 x-Ray, C.T와 같은 초정밀도 의료장비의 도움이
필요하다.

죄인도 아무리 의심이 간다고 하더라도 증거가 명백하지 않으면
범인으로 단정하지 못하는 이치와 같다. 오진률을 가능한 줄이기 위
해서는 확인 진단이 필요한 것이다. 그러나 21세기 현대의학에서도
아직도 병명이 나오지 않은 병들이 있다고 하는 것이다.

환자는 고통을 호소하고 있는데 의사는 이상이 없다고 하는 경우
와 같은 것이다. 이 때문에 "의사는 아무렇지 않다고 한다"라는 말
을 종종 하게 된다. 난감한 이야기라고 아니할 수가 없다. 이러한 경
우에는 한 번쯤 풍수학적 개운법을 사용해 보아도 좋을 것이다.

가령, 안방(침실)과 대문이 남쪽 방위에 있다고 한다면 부엌(주방)
의 위치를 남서(南西)쪽으로 배치하는 것이 좋다.

이 방위는 인체에 있어서 복부전체에 해당되기 때문이다. 다시 말
해서 위장과 생리작용까지 관장이 되는 부위다. 그러므로 상징성에

있어서는 근기, 실행력, 영속성 같은 상징성이 들어 있어서 주로 이 부분에 건강문제가 작용이 된다.

위장은 한마디로 말하면 인체의 기본구조의 하나다. 소화기 계통이 나쁘면 소화가 안되는 것은 물론 감기에도 자주 걸리게 되어 있다. 저항력이 상실되기 때문이다. 또 부인과 질환으로 고통을 받는 경우도 있다.

그리고 이 방위 집에서 태어난 아이는 선천적으로 위장이 약하거나 오른손(右手)의 이상이 있을 경우가 있다. 성격은 주로 내강성형이므로 버릇이 없고 협조성이 없다고 할 수가 있다.

이럴 때는 주방(부엌)의 위치를 주로 남서쪽으로 배치하고 세탁기와 같은 것은 북서쪽으로 위치시킨다. 또 여름철에는 에어콘을 동쪽으로 배치하는 것이 옳다. 이외도 집안 구석구석에 사용하지 않는 가구나 생활용품들을 그대로 쌓아 두면 좋지가 않다.

대개는 먼지를 쌓아놓는 격이 되기 때문이다. 특히 가상학에 있어서는 집안에 먼지가 쌓이면 흉상으로 본다. 주로 호흡기 질병에 타격을 주기 때문일 것이다. 그러므로 사용하지 않는 기구들을 집에

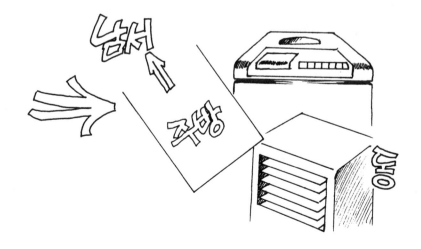

잔뜩 쌓아 놓을 필요는 없다.

대개 건강에 이상이 생긴다라고 하는 것은 무엇보다 청결과 관계가 깊다. 그러므로 집안은 언제나 청결하고 깨끗해야만 한다.

그뿐만 아니라 환기를 자주 시키고 양기가 들어 있는 따뜻한 햇볕을 잘 받아들여야만 한다. 음기가 서려있는 가정은 양기를 받아들여 음기를 눌러 조화를 이루게 해야만 한다.

이와 같은 환경개선이 필요하다고 할 수 있다. 무엇보다 이렇게 위장질병이나 아니면 부인과 질환에 고통을 겪는 이가 있다라고 하면 화장실의 데미지이므로 일단 이곳을 살펴볼 필요가 있다. 화장실은 악취가 있고 오염이 심한 곳이므로 이러한 문제를 유심히 관찰하지 않으면 아니된다.

그러므로 집안에서 가장 청결하게 해야만 하는 곳은 화장실인 것이다. 냄새 때문에 환기를 잘 시켜야만 한다. 악취가 건강에 해롭다고 하는 사실은 누구나 너무 잘 알고 있는 일이라 할 수 있다.

이와 같은 흉기를 막기 위해서는 내부 인테리어가 필요하다. 화장실 바닥과 벽면은 흰색이나 베이지색 계통이 좋으며 천장 역시 밝은 색상이 좋다. 그리고 화장실은 음기가 주로 많은 곳이므로 밝은 전등을 항상 켜두는 것이 좋다고 할 수 있다.

그리고 접시에 소금을 떠 두고 3일에 한차례 정도 갈도록 한다. 그뿐만 아니라 화사한 꽃을 화병에 꽂아 장식해 두면 더욱 좋다고 할 수 있다. 또 화장실 문밖에는 예쁜 꽃 사진을 황금색 둘레로 치장한 것으로 걸어두면 질병 치유 효과에 좋을 것이다.

이런 환자의 가족은 늘 남서쪽 방위에 데미지가 없는가를 항상 관찰할 필요가 있다.

위나 부인과 질병이 장기적으로 계속되면 화장실에 대한 개선이 반드시 필요하다고 할 수 있을 것이다.

8
폭음이나 상습 음주는 병이 생길 수 있다

이웃나라 일본인들이 술을 마시는 습관은 대취하기보다는 즐기기 위해 마신다고 할 수 있다.

정종같은 술을 작은 종기 그릇으로 홀짝홀짝 마시는데 이것을 이들의 표현에 의하면 "쪼비쪼비"라고 한다. 아이들 장난감 그릇처럼 생긴 이 종기 술잔으로 담소를 즐기면서 음미한다고 할 수가 있다.

그러나 우리나라 사람들 대부분이 술자리는 부어라 마셔라하는 인상을 준다.

막걸리 술잔은 큰 대접이나 아니면 사발인데 이런 술을 단숨에 벌컥벌컥 마셔야만 배가 든든하고 힘이 솟는다고 한다. 이렇게 마신 술은 건강을 해칠 염려가 있다.

또한 독한 알콜성분의 술을 잇달아 여러날 계속 폭주를 하다보면 간에 부담을 안겨준다. 간 알콜 분해의 시간이 필요한데 이것을 견디지 못한 간은 자연 상하게 되어 심각한 간질환을 일으키게 한다.

이 때문에 합병증을 일으켜 건강을 악화시켜 위험수위까지 몰고 간다고 할 수 있다. 술은 어디까지나 취하기 위해 마시기보다는 즐기기 위해 마셔야만 좋다. 그런데 대부분 우리나라 사람들은 스트레스 해소라는 명분으로 폭주나 아니면 연주를 계속하게 되어 건강을 상하게 하는 것으로 되어 있다.

　음주는 어디까지나 적당하게 마시고 즐거울 정도라야 간장도 풀어주고 기분도 편안하게 해주는 것이지 결코 대취하는 것만으로 마시는 것은 아니다. 기분에 따라 알맞게 마시면 스트레스도 해소되고 잠도 잘 자게 하는 힘이 있다.

　술은 일단 구미력을 촉진시키고 혈액을 활발하게 하여 활동에 활력을 준다고 할 수 있다. 그러나 그렇다고 못 마시는 술을 억지로 마시기까지 할 필요는 없다. 술을 좋아하는 사람이 서쪽방위에 앉아서 술을 마시게 되면 그날은 술에 먹히고 말게 된다.

　대신에 동쪽에 자리를 잡고 앉아 마시게 되면 즐겁게 마실 수가 있고 유쾌할 수가 있다. 애주가는 대부분 술을 즐기기도 할 줄 알고 있지만 집안에 장식하기도 할 줄 안다. 즉 마시는 대신에 고급 양주를 전시해 놓는 것이다.

　만약 집안에 전시해 놓는다고 한다면 북쪽 방위에 놓아두면 좋을 것이다. 북방위는 술이나 물의 방위이므로 좋은 방향이라 할 수가 있다. 가용주로 집안에서 담을 때도 북쪽에다 두고 익히면 잘익고 맛있는 술을 빚을 수가 있다. 직업적으로도 이 방향에 술도가나 아니면 술집이 영업을 하면 잘 된다고 할 수가 있다.

　건강을 위해서는 무엇보다도 침실이 중요하다라고 할 수가 있겠으나 위에서 잠시 언급한 것 같이 동편을 향해 앉아서 술을 마시면 웬 만큼 마셔도 취하지 않고 건강에 나쁘지도 않다.

그러나 서쪽에 앉아 마시는 술은 건강에 크게 해를 안겨줄 위험이 있다. 간은 신체의 어느 부위보다 중요한 부위이므로 간이 한 번 상하게 되면 다시는 회복되기가 어렵다.

그뿐만 아니라 간에 대한 합병증은 대단히 무서워 재기불능의 지경에까지 도달하게 하므로 각별한 조심과 경계를 하지 않으면 안 된다. 술을 마시는 사람 중에 평소에 술을 아주 좋아해도 어느 날은 유쾌하지도 않고 별로 술이 내키지 않는다고 하는 경우가 있다.

이럴 때는 앉은 자리와 또 자신이 받아든 술잔과 젓가락이 맞지 않기 때문에 이런 증세가 나타나는 것이다. 이럴 경우 젓가락과 술잔을 바꾸어 보는 것이 좋다고 할 수가 있다.

술마시는 사람과 술잔 젓가락의 기가 맞지 않기 때문에 생기는 것이다. 그러나 역시 술은 일본인 같이 즐길줄 알고 절도있게 마실줄 알아야만 건강할 수 있을 것이다.

과음과 폭주 이것은 절대로 삼가해야만 한다. 이와 같이 술을 많이 마시는 사람일수록 질병을 얻을 확률이 높고 생명이 단축된다. 이것은 풍수와는 다소 연관이 없다라고 할 수 있겠으니 양손 중 새끼손가락에 대하여 관심깊게 보아둘 필요가 있을 것이다.

다른 손가락은 어느 쪽이나 소용돌이 무늬가 흐르는 것으로 되어 있지만 그러나 유독 새끼손가락 무늬의 눈이 동그랗게 되어 있는 이가 있는데 이런 사람은 선천적으로 술독에 빠질 사람이라고 할 수 있다.

술이 결코 나쁜 것은 아니다. 단지 폭음과 상습음주를 하게되면 간강을 해칠 위험이 있기 때문이다. 일본인들처럼 쪼비쪼비 마시는 것이 건강에 좋다고 할 수 있다.

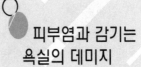

피부염과 감기는
욕실의 데미지

　겨울철에 가장 많고 흔한 병중에 하나가 피부병과 감기라 할 수
있다.

　겨울의 건조하고 탁한 매연과 기온차이가 이런 질병을 가져오게
한다. 피부염, 이것은 자칫 겨울에 부족되기 쉬운 피부의 영양관리
(비타민C 부족)에서 오는 원인이라 하겠으나 습기가 부족하기 때문
에 소양증을 일으키게 되고 이것이 피부염의 결과가 된다.

　그래서 가벼운 피부염이나 감기는 따뜻한 목욕을 하는 것만으로도
치유가 된다. 가정마다 80%는 욕실을 갖추고 있고 목욕을 생활화한
지는 이미 오래되었다 할 수 있다.

　그러므로 목욕이 건강상에 좋다고 하는 것은 이미 널리 알려진지
오래된 사실이다. 목욕은 시간과 온도 등의 차이에 따라 질병치료에
효과가 크다라고 하는 것은 이미 우리도 겪어서 알고 있다.

　힘든 하루 일과를 마친 후에 피곤하고도 나른한 근육을 풀어주기
위해서는 목욕이 최고라고 생각한다. 피부병은 어느 정도 욕탕에 들
어가 몸에 수분을 취하는 것만으로도 효과가 있다.

　목욕은 어느때나 다 좋다고 할 수 있겠으나 특히 아침에 하는 것
이 몸에 활기를 준다. 혈액순환과 모든 신진대사 작용을 활발하게
해주기 때문이다. 그러니 이 목욕은 건강유지를 위한 한 방법이라 할

수 있다. 피부병 말고도 감기, 신경통, 관절염 같은 질병에 좋은 것은 사실이다. 이외도 오늘날과 같이 생존경쟁이 치열해 질수록 스트레스가 쌓이는 경우가 많다.

이런 사람은 욕탕에 향기좋은 입욕제를 넣고 느긋하게 몸을 담그고 있으면 저절로 스트레스가 풀리게 된다. 또 친구가 없어서 쓸쓸한 사람은 목욕 이후 흰색가운을 입도록 하는 것이 좋다. 최근 실업이나 취직문제 혹은 입시문제로 고민에 쌓이다보면 몸이 마르고 기미가 생기기 마련이다.

이런 사람은 목욕 중에 몸을 움직이면서 노래를 부르거나 흥얼거리는 것이 좋다. 어떤 노래라도 상관은 없다. 또 가능하면 더운물을 되도록 많이 쫙쫙 퍼붓도록 한다. 몸에 스트레스와 공해병을 다 씻어내기 위해서 할 수가 있다. 이 욕실이 서쪽방위에 위치해 있으면 가족 전원의 폐는 튼튼하다.

그뿐만 아니라 폐가 튼튼하다고 하는 것은 지구력이 있어서 무엇이고 활발하게 활동할 수가 있다.

폐가 활발하다고 하는 것은 끈기가 있고 지치는 일이 없으며 밝고도 건강한 생활을 유지할 수가 있다.

반대로 이 흉상의 작용은 폐가 나빠지거나 천식 기침에 고통을 당하게 된다.

욕실이 서방방위에 결함이 있으면 이곳에서 출생한 아이는 선천적으로 기관지나 폐가 약해서 감기나 기관지염 혹은 폐염에 걸리기가 쉽고 인후와 신장에도 좋지 않은 영향을 준다. 특히 주의해야만 할 일은 욕실이 귀문(鬼門)이나, 이귀문(耳鬼門) 선상에 걸려 있으면 아주 좋지 않다고 할 수 있다.

결국 철저하게 인테리어로 예방할 수 밖에 없다. 무엇보다 창문이 있어서 환기가 잘 되어야만 한다. 욕조가 있는 바닥은 황색과 흰색, 그리고 핑크색 계통이 좋다. 욕실 내부에 수건걸이는 은색이나 황금색이라면 더욱 좋다고 할 수 있다.

내부는 조명이 환하고 밝아야만 한다. 비누, 샴푸, 향료 등은 하나같이 최고급으로 사용하는 것이 좋다. 거울도 언제나 습기가 어려있어서는 안되고 깨끗하게 번들거릴수록 좋다.

방향제는 근래와서 사과향을 가장 으뜸으로 꼽고 있다. 욕실이 해로운 선상에 있으면 가족중 어느 누구라도 해로울 수가 있으니 3일에 1회 정도는 굵은 소금을 담아두었다가 변기속에 넣어 씻어내도록 하는 것을 기필코 잊어서는 안 된다. 그리고 환기를 각별히 조심하도록 해야만 한다. 목욕후 반드시 욕조 속에 남아있는 물을 빼는 것도 잊어서는 안 된다.

욕실은 건강을 지키는 바로미터이기 때문이다.

황종찬 박사의
생
활
풍
수

10 겨울철 질병과 골절은
현관의 불결이 원인

매서운 한파가 강타하고 있다. 겨울이 막바지 한복판 중심점에 서 있기 때문일 것이다.

지난해 연말 중앙관상대는 금년 겨울은 그리 춥지 않고 난동이라고 발표를 했다. 그러나 그것을 뒤집고 마는 꼴이 되고 말았다.

새해들어 전국은 연3일 대설을 맞아 큰 피해를 낳았고, 잇따라 한냉은 영하 20℃ 가까이까지 수은주를 떨어뜨렸다. 그래서 이런 표현을 어느 신문 제목은 "눈이 설설(雪雪), 얼음이 냉냉(冷冷)"이라는 표현을 했듯이, 쌓인 눈이 얼어붙어 말 그대로 거리를 걷는 사람마다 설설이고 미끄러져 냉냉이다.

그러나 이런 위험과 추위와는 상관없이 지금 빙판장과 스키장은 젊은이들로 붐비고 있다니 모처럼만의 겨울다운 겨울을 맞았다고 할 수가 있겠다.

한편으로 병원은 병원대로 외과 환자들로 북새통이라 한다. 눈과 얼음 위에서 엎어지고 나자빠진 환자들 때문이다. 타박상을 필두로 염좌, 골절까지 겹쳐 붓고, 삐고, 부러진 환자들 일색이라 한다.

이는 운동을 즐기다 다친 젊은이들과 달리 허약한 노인들이 빙판 위에서 넘어져 팔과 다리 골절에 심지어 엉덩이뼈까지 골절상을 당해 대수술을 받고 장기입원하는 환자가 늘고 있다고 하니 어쩌면 추

운 겨울은 시련의 계절이라 아니할 수 없다.

강추위에다 쌓인 눈이 얼어붙어 그 위를 걷자니 얼마나 미끄럽고 불안하겠는가? 되도록 이런 가족의 우환을 막기 위해서는 이런날에는 바깥 외출을 자제하고 삼가하는 것이 좋을 것이다.

겨울 건강의 흉상은 집의 「현관」에 원인이 있다고 대답할 수 있을 것이다. 현관은 기의 유입구인 동시에 가족의 출입구인 것이다. 현관이 바른 방위에 있지 않고 또 청결하고 깨끗하지 않으면 가족이 골절이나 겨울 질병에 걸리게 된다.

그래서 아침저녁 집을 나서고 들어올 때는 으레 "오늘 하루도 무사히" 혹은 무사하게 집까지 돌아와서는 "잘 돌아오게 하여 감사합니다"라고 하는 기원이나 감사의 인사를 마음 속으로 빌고 외치는 것이 좋다.

그것은 예방의 경각심도 되고 한편으로 감사의 답변으로서 각오를 다질 수 있기 때문이다. 더구나 노인들의 골절에 있어서는 빙판에 조금만 넘어져도 뼈에 이상을 줄 수 있는데 이것은 노인들 자신이 골다공증의 상태에 있기 때문이다. 그래서 골절이 되었다고 하면 접착이 쉽게 되지 않고 대수술을 받아야만 하는 위험에 도달하게 된다.

그러므로 노인들은 가능한 추울 때는 외출을 삼가하는 것이 좋다.

그리고 이상이 있다고 여겨지면 즉시 전문의에게 보이는 것이 옳다고 할 수 있다.

가정에 있어서 현관은 풍수상 각종 질병출입을 통제하는 예방 장소이기도 하려니와 설사 불행을 당했다 하더라도 이곳에 인테리어를 철저하게 한다면 가족의 건강을 지켜주는데 특별히 골절과 같은 질병을 사전에 예방할 수 있다.

첫째, 현관은 밝아야 한다.

둘째, 깨끗하고 청결해야만 한다.

셋째, 정리정돈을 잘해야만 한다.

넷째, 인테리어로 철저하게 흉액을 미연에 방지해야만 한다.

현관이 어둡다고 하는 것은 음기가 강하다. 지저분하다고 하는 것은 흉기가 머문다는 뜻이다.

좋은 기는 청결하고 깨끗한 것을 주로 좋아한다. 흉액이 있다하더라도 인테리어로 좋은 기로 바꾸어 예방하자는 것이다.

그러므로 겨울철 신발로는 굽높은 것은 좋지 않다. 그리고 현관에는 가족외 신발은 되도록 놓지 않는 것이 원칙이다. 그리고 신발에 흙이 묻어서도 좋지 않다.

그리고 현재 신는 신 이외는 모두 신발장 속에 넣어 가지런히 정리정돈 해 놓도록 한다. 아이들 자전거나 아니면 우산 같은 것도 함부로 팽개쳐져 있어도 좋지가 않다.

우산은 반드시 우산통 속에 꽂아 놓도록 해야만 한다. 이렇게 깨끗하게 정돈이 잘 되어 있다고 하더라도 어두우면 좋지 않으므로 어두울 때는 현관 등을 항상 켜놓도록 하는 것이 좋을 것이다.

그리고 왼쪽 신발장 위에는 고급스러운 관엽식물이나 난화분을 올려 놓도록 하고 정면에는 출입하는 이들의 얼굴이 보이도록 거울 하나를 걸어두는 것이 질병 예방이 될 수가 있을 것이다.

이렇게 하면 골절같은 것은 없고 겨울 질병도 없을 것이다. 현관을 청결하고 깨끗이 하자.

황종찬 박사의
생
활
풍
수

11
조왕신이 노하면 기관지염,
폐렴, 폐결핵, 세균질환이 온다

며칠전 가장 추위가 심했던 1월 중순, 전남 고흥까지 다녀오는 일
이 있었다. 특히 내륙지방이라 할 충청 전북일원에 눈이 많이 왔다
는 때였다.

23시 50분에 출발하는 서울발 목포행 호남선 열차에 몸을 실었
다. 경기도를 거쳐 충청일원에 들어서자 갑자기 가슴이 답답해 오면
서 기침이 시작되었다. 바깥 일기는 혹한인데 열차내 객실온도는 높
기 때문이었다.

후덕지근한 온기와 혼탁한 더운 공기 때문에 평소 가지고 있던 알
레지 체질이 기침을 낳게 한 것이다. 그래서 기침에 견디다 못한 필
자는 몇 번이고 객실 바깥으로 나왔다가 들어갔다 하는 고통을 감내
해야만 하였다.

대부분 밀폐된 아파트 공간의 주방은 주부에게 있어서 호흡기 질
환이나 아니면 폐결핵과 같은 질병에 걸릴 위험성에 노출되어 있다
고 할 수 있다.

켜 놓은 렌지의 기름 냄새와 열기에서 타는 냄새 때문에 이 공기
로 호흡을 하는 주부들이 가슴이 답답하고 머리가 아프다는 이가 많
다. 또 여름철 주방에서 요리한 음식을 먹고 갑자기 복통이나 설사
를 일으켜 신음하는 이가 없지 않다.

이는 크게 말하면 조왕신이 노한 탓이고 화덕의 방위나 청결하지 못한 것이 원인이라고 할 수가 있다. 주방의 「키 포인트」는 풍수학상에서는 대개 6가지로 보는데

첫째, 바람을 피해야 한다.

둘째, 물을 피해야 한다.

셋째, 화덕은 방위에 따라 적절하게 놓아야 한다.

넷째, 침실이 주방과는 멀어야 하고,

다섯째, 밝고 청결해야 하며,

여섯째, 쌀독이며 냉장고의 위치를 적절하게 놓아야 한다.

이런 여섯 가지가 질병을 일으키는 원천이 된다.

① 바람을 피해야 한다고 하는 것은 「바람은 피하고 기는 모은다」라고 하는 일반적 풍수학적 개념 때문이다. 주방에서 일반적으로 바람은 좋지 않고 싫어한다. 바람이 있는 곳에는 기가 머물수 없기 때문이다. 이 때문에 바람은 타브라고 할 수가 있다. 특히 화덕이라 할 가스렌지가 창문과 마주하고 있다고 하면 좋지가 않다. 바람이 들어오기 때문이다. 또 창문이 뒤에 있어서도 좋지가 않다. 이것은 밖에서 들어오는 바람 때문이다. 이럴 때는 가스가 누출이 되며 대단히 위험하다. 그러므로 테이블 위에 있는 렌지는 반드시 창문

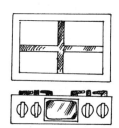

과는 일직선이 되어서는 아니된다. 또 서쪽해가 들어오는 주방은 거리가 떨어져야만 한다.

② 5행으로 보면 가스렌지의 열은 "화"에 속한다. 그런데 여기 가까이 물이 있다면 이 역시 "수"가 되는데 이 수는 바로 "습"이나 "냉"이라고도 할 수가 있다. 물과 수는 상생이 아닌 상극이므로 이런 곳에서는 가족의 건강에 해를 끼친다고 할 수가 있다.

③ 부뚜막이라고 할 수가 있는 화덕 역시, 물은 불을 싫어하므로 북쪽을 향해 놓아서는 안 된다. 북은 "수"이고 그 위에 렌지를 놓는데 대부분 급배관수가 지나가는 위에 화덕을 놓고 있다. 다시말하면 싱크대, 냉장고, 세탁기 등은 모두 다 수(물)에 속하므로 화가 가까이 있다면 적당하지가 않다.

④ 침실에서 또 이 화덕(주방)이 가까우면 열, 유연(기름연기) 등을 맡을 수 있으므로 자연 기침을 하고 기관지나 폐가 나빠진다라고 할 수가 있다. 그러므로 가스렌지와 거실 혹은 침실은 멀어야만 한다고 할 수가 있다.

⑤ 주방인 화덕과 싱크대 주변은 청결하고 밝아야만 한다. 어둡고 침침하며 습기가 있으면 각종 벌레나 쥐 같은 것이 득실거리게 된다. 이것들이 각종 질병의 원인이 되고 특히 세균질환을 일으키게 된다.

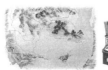

12
인테리어와 풍수

인테리어와 풍수는 중국에서 오래 전부터 전해진 풍수지리학적 근거다.

현대인은 언론매체를 통해 풍수지리에 관심이 증대되더니 관련서적 역시 호황을 보고 있다.

필자도 출판사의 요청에 의해 풍수지리입문(음택)과 현대 풍수지리(양택), 두 권의 책을 출간했다. 후속으로 쓰려하는 것은 돈버는 개운술이다.

부산의 주부가 이사를 예정중인데 방의 인테리어를 문의해 왔다. 풍수술을 이용하면 행운을 얻을 수 있다는 생각 때문이다. 결국 부산에 내려가 꼼꼼이 인테리어를 챙겨 주었다. 풍수지리의 학문은 우리가 직접 살고 있는 공간 터인 집을 통해 행복의 근원을 찾겠다는 것이다.

방안의 침대, 그림, 관엽식물, 벽의 색상 등 이 모두가 돈 버는 것과 관련이 있다. 즉 방안의 인테리어 배치가 행운의 크기를 정하는 힘의 세기를 결정한다는 것이다. 그리고 밖에서 들어오는 기운과 어우러져 길흉을 만든다.

별로 큰 미인도 아니고 학벌도 좋지 않은 여인이 부잣집 며느리로 들어가는 행운을 얻거나, 어쩌다 한 장 산 복권이 당첨되는 행운을

얻는 것도 인테리어 덕이라고 말하고 싶다.

독자들도 개운법을 이용해 보면 돈의 행운을 얻을 수 있다.

결혼운은 동남에 있고, 사업운은 동쪽에 있으며, 금전운은 서쪽에 있다. 돈을 많이 벌고자 하면 서쪽의 인테리어에 관심을 갖고 기운을 증대시키면 된다. 서쪽의 파워는 노랑색이다. 노랑색의 그림이며, 오렌지나 귤 등의 과일들로 장식하면 금운이 들어오게 된다.

또 화장대, 장롱속의 의복, 침대 등의 방위 등 모두가 행운과 연결되는 것으로 금전운을 얻고자 하면 방안 모든 것의 방위에 각별한 주의를 기울여야 한다.

13 방위와 환경이 중풍의 원인

　중년기 이후 무서운 병은 "중풍"이라고 할 수가 있다. 이러한 중
풍은 계절의 요인을 많이 받게 되는데, 추운 겨울철에 많이 발병한
다. 40대라면 1년내에 30%가 치료가능하고, 50대라면 20%, 60대
이상이라면 10% 미만이니 이것도 1～2년 사이에 회복되지 않으면
회복이 불가능하다.

　현대의학에서는 수술 후 물리요법이 고작이라고 한다.

　한방에서는 침 치료가 효과가 있다고 하나 그 효과도 미진하다.

　이러한 중풍의 원인을 풍수에서는 방위와 환경적인 것에서 그 원
인을 찾는다.

　중심점에서 서북방위와 남방위의 흉한 기운이 부딪쳐 이 중풍을
일으키는 것으로 되어 있다.

　남쪽의 강한 화기(火)가 북쪽의 수기(水)와 부딪치게 되면 소란을
일으키게 되는데, 이로 인해 주로 남쪽 침실을 사용하고 있는 이가
이런 증세나 질병에 걸리게 된다.

　고혈압이 생기는 원인도 이와 유사하다고 할 수가 있다. 고혈압은
곧 뇌졸중을 유발할 수가 있기 때문이다. 그래서 남쪽에 강한 기가
있으면 이 기를 누그러뜨려야 한다.

　그 방법으로는 북쪽 "수기"를 활용하거나 아니면 남쪽의 기를 누

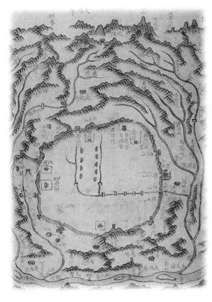

그러뜨려야 한다.

이런 방법은 우선 강한 햇볕이 들면 커튼을 쳐 방어해야 하는데 회색이나 베이지색 계통으로 기를 막아야 한다. 취침시에는 머리를 수기가 있는 북쪽을 향해 자면 상쇄되는 것으로 예방될 수 있다.

그리고 방문 밖에는 마음의 평정을 안겨 줄 수가 있는 고향풍의 풍경화 같은 것을 걸어두고 수시로 이를 바라보면서 정신적 안정을 취하는 것이 중요하다.

또 북쪽 방위의 방을 사용하는 사람은 동쪽이나 동남쪽으로 방을 옮겨 보는 것도 좋을 것이다.

남쪽에 만약 창이 없으면 벽면에 푸른 바다나 초원이 있는 그림을 걸어두고 정신적 평정을 찾도록 하는 것이 좋다.

누차 설명하였듯이 풍수는 과학적 근거가 있는 환경학인 것이다.

집안의 화장실에 있어서도 노인들이 출입하는 화장실은 북쪽이나 서북쪽은 좋지가 않다. 물(水)은 냉(冷)을 의미하기 때문이다. 두말할 나위없이 이와 같은 강한 기운을 받게 되면 급병을 얻을 수가 있다.

또 화장실은 밝고도 청결해야만 한다.

한마디로 말하면 중풍을 일으킬 수 있는 체질은 남쪽과 북쪽의 반란이라고 할 수가 있다. 화장실은 작은 창문이라도 동쪽 창에 있다면 더욱 좋다고 할 수 있다.

황종찬 박사의
생활
풍수

14 다이어트에 성공하려면
모델 사진을 걸어두고 복식 호흡을

　보기 싫게 살찐 사람을 보면 우리는 살을 빼라고 말한다. 단순히 살이 쪄서 몸이 뚱뚱해져 있으나 활동하기에도 불편하고 보기에도 좋지 않아서이다.

　특히 젊은 여성들에게 있어서는 홀쭉하고도 날렵한 몸매는 미적감각이라 해서 모든 여성들이 바라는 것이기도 하다. 그러나 사실은 이런 것보다는 살찐 과체중(過體重)은 한마디로 병이라고 할 수가 있다.

　과체중은 자칫 생명을 잃을 수도 있다. 왜냐하면 살이 쪄 있으면 심장의 압박과 더불어 신진대사가 이루어지지 않아 당뇨병은 물론 각종 질병에 걸리게 된다. 그러므로 살은 단순하게 예뻐보이거나 운동으로 날씬하게 보이기 위해 살을 빼야한다고 하는 것이 아니라 건강하기 위해서도 필수적이라 할 수 있다.

　근래 신문광고를 보면 다이어트에 관한 선전으로 일색이다. 하기사 모든 여성들의 염원은 날씬하고도 아름답게 보이는 것을 자랑하고 싶은 것이 본능이라 할 수 있기 때문이다.

　사실 말이 나왔으니 말이지 먹어서 적체(積滯)된 칼로리는 어느 정도 빼야 하는 것이 옳다. 칼로리를 땀으로 배출을 시키든가 아니면 소모를 해서 적정한 체격을 유지 시켜야만 한다.

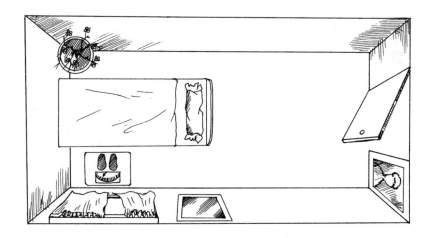

한방의학의 치료개념은 중용(中庸)이라고 해서 더하고 빼서 적정을 유지하는 것을 기본으로 삼고 있다. 하지만 대부분의 여성들은 이런 절차는 아랑곳 없이 단순하고도 간편하게 살 빼기를 바라고 있다.

여기에 문제가 있다라고 할 수 있다. 그렇다면 기의 힘으로 살을 빼 보는 것은 어떠할까? 약물로 살을 빼거나 아니면 기의 힘으로 살을 빼거나 무엇이건 확실하게 의지를 굳히지 않으면 안된다. 또 살을 반드시 빼겠다는 결심이 분명하지 않으면 안 된다.

이렇게 결심이 생기게 되면 자신이 평소 좋아하는 몸매의 배우나 탤런트의 사진을 준비한다.

그래서 몸매는 배우의 것으로 얼굴은 내 것으로 오려 붙여서 합성 사진을 만든다. 그리고는 당신의 본명괘(本命卦)라고 할 수가 있는 방위쪽에 붙여두고 수시로 자신의 모습을 떠 올려보는 것이다.

즉, 이미지화하는 것이다. 하지만 단순히 이미지화만으로 끝내지 말고 사진을 볼 때 복식호흡을 하도록 한다. 복식호흡(腹式呼吸)이란 숨을 한껏 들여 마셨다가 배가죽이 등에 닿도록 몰아쉬고 다시 내뱉는 운동이다.

그러나 여기서 숨을 들어쉴 때는 입으로 들어마시는 것이 아니라 코로 천천이 들어마셔서 가둔다. 이렇게 들어마시는 숨은 3분 정도로 하고 내뱉는 숨은 7분 정도로 천천히 하도록 한다. 이것을 반복운동으로 여러차례한다. 침실의 색깔은 되도록 차가운 색상이 좋다고 할 수 있다.

남쪽에는 큰 창문이 있고 동쪽에 출입문이 있으면 좋다. 창문 아래는 체중계와 그 옆에는 거울을 걸어두고 수시로 달아보고 비쳐보도록 한다. 이런 관심은 기를 가일층 활성화시킬 수 있다.

동쪽 벽에는 젊은이가 그려진 사진이나 포스터를 걸어두고 서쪽구석에는 흰꽃을 장식하는 것이 좋다. 남쪽 창문의 커텐은 반드시 청색계통이나 아니면 흰색을 택하도록 하는 것이 좋다.

침대는 서쪽으로 향하고 머리는 반드시 동쪽으로 향하거나 아니면 남쪽으로 향해서 자도록 한다. 그리고 침실 분위기를 마치 초원에 들어 있는 듯한 착각을 느끼게 하는 것이 좋다.

한마디로 차갑고 신선한 인상을 느끼게 하는 것이다. 그러기 위해서는 방향제나 향초를 달아 방안 가득히 냄새가 나도록 한다면 더욱좋다고 할 수 있을 것이다.

대부분 이러한 다이어트 결심이나 의지가 오래 가지 못하는 것은 보통 서쪽이 아니면 북서쪽에 위치해 있는 화장실이거나 아니면 욕실의 문제 때문이라 할 수 있다. 이러한 두 곳을 청결하게 해야만 한다고 하는 것은 두 말할 나위가 없다.

다음으로는 복식 호흡운동을 지속적으로 하는 일이다. 복식운동을 한다라고 하는 것은 대사성 운동이 될 수가 있기 때문인 것이다.

다이어트를 위해서는 결심있는 지속적 복식호흡을 하도록 하자. 그것이 성공하는 비결이라 할 수 있을 것이다.

제 4 장

사업운과 풍수

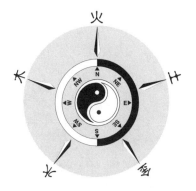

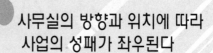

사무실의 방향과 위치에 따라
사업의 성패가 좌우된다

사업을 하자면 일정한 장소가 필요하다. 즉 사무실이나 점포를 필요로 하는 것이다.

큰 회사 같으면 건물을 지어서 들어가기도 하겠지만 대부분 사무실이나 가게를 임대하여 들어가 시작하게 된다. 그런데 사무실을 얻으러 다니면서도 보통 교통이나 내부 넓이 등과 같은 용도에 편리하겠다는 것만 생각할 뿐 얻으려는 건물의 지세나 출입구 그리고 사무실의 창문, 직원들의 책상배치 등이 전혀 고려되지 않고 있다.

일반 집에도 가상이 필요한데 사업장은 금전과 직접 관련이 있는데도 대수롭지 않게 생각하는 경향이 없지 않다. 사무실과 가게는 금전운과 직결되어 있으므로 기운과 관계가 깊다.

먼저 얻으려는 사무실에 대해 전체 윤곽을 살필 필요가 있다. 대체로 사무실의 모양은 장방형이 좋다고 할 수가 있다. 반대로 오목하게 들어가 있거나 아니면 삐쭉하게 튀어나와 있다고 하면 그리 좋지가 않다.

역시 땅에 건물이 서 있으므로 얻으려는 건물의 땅세부터가 중요하다. 땅이 흑색같이 어두운 색상이거나 모래가 유난히 많은 땅의 건물이면 별로 좋지 않다. 대신에 황토흙으로 다져진 땅위에 올라선 건물이라면 좋다고 할 수 있다.

그뿐만 아니라 지형에도 관계가 큰데 사방이 평평한 땅이라고 느끼는 곳에 건물이 들어 서 있다고 한다면 이 사무실은 대중적이고 의식주 관계에 직접 영향을 주는 사업 같은 것이 적당하다고 하겠다.

그러나 지세가 울퉁불퉁하며 옛날 고개가 있었던 기복이 심한 장소라면 유행과 관계가 되고 고가 상품을 취급하는 그런 사업이면 좋다고 할 수 있다. 업종에 따라 길흉이 좌우된다고 할 수 있기 때문이다. 그렇다면 건물의 구체적 레이아웃을 살펴보도록 한다.

빌딩 구조, 즉 출입구는 중심에서 볼 때 동남방향에 있을 때 최고라고 할 수가 있다. 다음은 동쪽, 그리고 남쪽, 북서쪽, 북쪽 차례의 순이다.

서쪽은 보편적으로는 황금이 있는 방위라고 알려져 있으나 서쪽문이 있다라고 하면 금전출입이 많아서 잘못하면 파산우려가 큰 것이다.

북동쪽과 남서쪽의 연결선은 살벌(殺伐)방위라고 하여 사선이므로 흉상이라 할 수 있다. 문이 이 방위에 있다고 하면 피하는 것이 좋을 것이다.

다음으로 사무실에 일단 들어와서는 구조와 위치가 중요시되는데 사무실 대표자의 위치는 이 사무실 중심에서 볼 때 [북서쪽]에 배치하는 것이 가장 길상이라고 할 수가 있겠다.

이 방위는 원래 "하늘의 위치"라고 해서 가정에서는 가장이, 회사에서는 대표자가 반듯이 앉는 것이 원칙이라고 할 수가 있다. 인간관계와 리더쉽을 발휘하기 위해서는 이 자리가 가장 으뜸이라고 할 수가 있을 것이다. 다음으로 각 부서의 위치를 살펴보면,

▶**영업부** : 남동쪽이거나 아니면 서쪽방위가 가장 적당하다. 활발한 기운과 금전운이 있기 때문이다.

▶**기획, 상품개발부** : 주로 창조역할을 하게 되므로 지적인 발상이

가장 활발한 남과 동이 좋다.

▶**총무부** : 회사의 모든 부서를 관리하는 곳이라고 할 수 있으므로 남서 방위나 북동쪽이 길하다.

▶**경리부** : 돈을 관리하는 곳이므로 서쪽이 좋고, 컴퓨터 등 기계 관계는 북서쪽, 동쪽, 남쪽에 둔다.

▶**응접실 및 회의실** : 남서쪽은 응접실이 좋고, 회의실은 서쪽이 가장 적합하다. 이런 배치에 있어서 가장 중요시해야만 할 곳은 중심이다.

태극(太極)이란 국가에서는 대통령이고, 가정에서는 가장이며, 회사에서는 대표자가 되는 것이므로 이들이 위치할 자리가 가장 중요시된다.

또 뭐니뭐니 해도 회사에서는 영업이 활발해야만 회사가 번창할 수가 있다. 그러므로 회사는 대표자의 자리와 함께 주요부서는 태극에 있어야만 한다.

가령 영업부가 회사 사무실에서 계단, 통로, 엘리베이터, 화장실과 가까운 방향에 있어서는 절대 회사가 번창할 수가 없다. 사무실에서는 영업파트라고 하면 가장 천시하는 부서가 되지만 회사에서 제일 으뜸가는 대우를 받아야만 이 회사가 성공할 수가 있다.

그러므로 어느 회사이건 회사 안에서는 영업부서를 가장 으뜸으로 대우를 하며 사무실 중앙(태극)에서 남동쪽에 위치하며 회사는 번창할 것이다.

2 직장에서 사장 자리는 회사성패를 좌우한다

회사에서 사장이 위치하는 장소는 사운이 걸린 장소라 해도 틀린 말은 아니다. 그러나 사장이 앉는 어울리는 장소는 한정이 되어 있다.

그렇다면 어디에 앉으면 흉하고 길할까. 이것이 포인트가 된다. 8 방위와 사무실 평면도가 주는 중앙지(태극방위)에서 볼 때 북서쪽 방위(건궁)가 사장으로서의 권위와 사업의 발전성이 있다.

이 방향의 위치 중에 사장의 방이 있거나 아니면 의자가 있다라고 한다면 사원은 사장을 잘 따르고 의욕적으로 일을 해서 회사가 나날이 발전하게 된다. 사내뿐만 아니라 대외적으로도 사장의 명성은 물론 회사제품에 신용이 높아서 제품이 잘 팔려나가게 된다.

그리고 신규사업에 잇달아 투자를 해서 사업규모가 날로 확장되어 기업체를 여러 개 경영하게 된다. 그래서 사장은 자연 바쁘게 된다.

사무실 중심에서 북서방위라 할 건궁 방위는 풍수에 있어서는 중추적 역할을 맡는 자리로서 눈부시게 사업을 해나간다고 하는 활발한 절대권위의 방위이기 때문인 것이다.

권위뿐만 아니라 돈이 굴러 들어오기 때문일 것이다. 그렇다면 사무실 내부 방위에 있어서는 어느 방위가 최적인가를 한번 알아보도록 하자.

▶**동방위** : 사무실 중심점에서 건궁방(북서쪽)가 대표자가 앉으면 좋고 다음 자리는 동쪽이다.

그 다음은 남동쪽, 그리고 남쪽 순으로 된다. 동쪽인 진궁에 위치하였을 경우에는 사업상의 여러 문제에 적극적으로 과감하게 대처한다라고 할 수 있겠으나 다소 신중함이 부족한 것이 흠이라 할 수 있겠다. 그러나 기획적인 아이디어나 기획이 샘솟듯이 떠올라 활동력이 왕성하게 이루어진다고 할 수 있다.

새로운 상품이나 광고, 홍보에 강한 작용을 하고 투자도 활발하게 된다. 그러나 건실한 경영을 하지 않으면 뜻밖에 함정이 있을 수도 있으니 요주의가 필요하다.

▶**남동방위** : 이 방위에 사장이 앉게되면 대단히 겸손해지고 부드러운 영향을 주어서 대외적으로 강한 신뢰를 받게된다. 다만 매사에 우유부단하니 맺고 끊음을 적절히 해야만 한다.

상거래에 있어서는 천성이라고 할 수가 있는 외교수단을 발휘하게 된다. 그러나 여기서는 사장보다는 영업이사나 상무, 혹은 전무가 앞장서서 처리하면 훨씬더 부드럽게 일할 수 있다.

▶**남방위** : 남쪽방향에 위치하면 시대감각이 예민해져서 장래 전망이 대단히 좋다. 실수가 없고 사업활동에 있어서는 강한 플러스가 작용한다.

특히 고도의 전문적 지식을 요하는 사업, 관공서용 수요가 많은 업종, 투기에 관한 사업 등의 경영자에게는 적합한 위치라고 할 수가 있다. 다만 경영자는 모든 일에 쉽게 열을 올리고 쉽게 식어버리는 결점이 있으므로 냉정하고 침착하게 사업을 이끌어 나갈 필요가 있다. 그러므로 남쪽에는 인사관리나 기획을 중심으로 요원을 배치하는 것이 좋다.

▶**남서방위** : 사무실의 중심점과 북서쪽 이외에 대표자의 자리를 정했을 경우에는 일부를 제외하고 충분히 권리를 행사할 수가 없겠으나 특히 이귀문이라고 불리워지는 남서방위의 곤궁과 귀문방위로

불리워지는 북동쪽에 위치하게 되면 회사 내부의 통제력이 약화가 된다.

그래서 거꾸로 직원들에게 사장은 지시를 받게 되는 경우가 있다. 이 때문에 사원들은 관록이 떨어진 사장에게 실망을 느낀 나머지 적당히 일을 하려고 얼버무리게되고 회사는 기강이 헤이해져서 영업활동이 되지 않게 된다.

따라서 유능한 인재들이 와 있다고 해도 제대로 힘을 발휘할 수 없게되고 자연적으로 회사를 그만두게 된다. 그러므로 사장은 어느 정도는 카리스마적 태도로 회사를 이끌어 나갈 필요가 있다고 할 수 있다. 결국 사장이 직원에게 얏 보이게되면 명색이 사장이라 하는 직함뿐이지 높은 평가를 받기는 어렵고 매사에 나약하게 보여서 제대로 대접을 받지 못하게 된다.

이렇게 회사의 위치에 따라서 사운이 결정 된다고 할 수가 있다. 사장이 강한 운과 행운을 받는 그런 자리에 앉아야만 회사는 발전하고 영업실적도 오르게 되어 있다. 이는 사장 개인의 행운인 동시에 모든 직원들의 행운이라고 할 수 있다.

책임자인 사장의 위치는 아무래도 북서방위가 최고라 하겠다.

직원의 좌석 배치에도 사운이 걸리게 된다

뭐니뭐니 해도 풍수에 있어서는 얻어지는 에너지(氣)인 상승기운이 회사의 사운을 결정짓게 마련이다.

회사는 대표자 혼자 경영하는 것이 아니므로 직원 전체의 팀웍이 회사의 사운을 결정짓는다고 할 수 있다. 그래서 전체의 사원이 단합으로 묶어질 때 비로소 회사는 앞으로 나가게 된다.

이러한 단합은 직원의 방위 즉 좌석배치에 따라 결정이 되는 것이다. 이 의미는 "뭉치면 살고 흩어지면 죽는다"라고 하는 말 뜻과 같다고 할 수가 있다.

그렇다면 사내(社內) 사무실 배치에 있어서 어떻게 직원들이 앉아야만 하는 것인가?

▶북방위 : 연구부와 영업부를 배치하는 것이 좋다. 북쪽은 연구 부서가 배치되면 매우 훌륭한 발견이나 아니면 아이디어가 속출하기 때문이다. 또 영업부가 자리잡으면 배후의 후원을 받게되어 좋은 조건의 거래가 성립된다고 할 수 있다. 그리고 연구원은 대게 전문적이므로 좋은 기획이 생기고 업무활동에 있어서도 좋은 크넥션이 이루어진다. 후광의 지원이 생겨나기 마련이다.

▶북동방위 : 경리, 총무, 개발, 부동산부의 배치라면 좋다. 경리는

세밀한 이재성 두뇌가 사업상 합리화가 진행되어 낭비가 줄어드니 살림살이가 불어나기 마련이다. 총무부서가 있으면 문제가 술술 풀리게 되어 조직운영에 위력을 발휘된다라고 할 수가 있다. 그리고 개발부가 있으면 사업이 좋은 의미에서 변화가 나타나게 되어, 잇따라 새로운 아이디어가 충족된다라고 할 수가 있다.

▶동방위 : 기획, 개발, 홍보 광고부 자리가 이상적이다. 동쪽은 역시 활기가 넘치는 곳이므로 새로운 아이디어가 나와서 전체에 활기가 넘쳐 흐르게 된다. 사원간 단합이 잘되고 상사와의 의사소통도 원만하다. 광고부나 홍보부가 배치되면 놀라운 기획이 생겨나 회사에 획기적인 도움을 준다.

▶남동방위 : 영업부서가 배치되면 사회적인 신용이 두터워져서 거래와 영업활동이 활발해진다. 특히 수출도 잘 되어 세계로 뻗어 나갈 수도 있다. 또 사원들은 외교수완이 있고 대인관계가 좋아 회사 전체로서는 일취월장한다고 할 수 있다. 그리고 정보가 빨라 경쟁회사보다 앞서게 된다.

▶남방위 : 관리, 혹은 기획부서가 있으면 좋다. 사원 전체의 움직

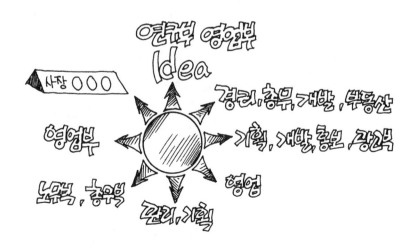

임을 파악할 수가 있을 뿐만 아니라 통제력이 강화되어 직원들을 관리하기가 수월해진다. 관리부가 이곳에 배치가 되면 뛰어난 판단력과 지식이 발휘되어 관련 공무원과의 관계도 좋아져 회사의 후광에도 많은 도움이 된다.

▶남서방위 : 남서쪽은 노무부서가 배치되면 종업원의 복지후생에 대한 배려가 각별하고 따라서 충분한 대우개선이 이루어져서 사원간의 단합이 형성된다. 총무부서가 배치되면 모든 부문의 사업능률이 올라가서 사무처리도 원활하다.

▶서방위 : 영업부서가 있으면 좋다. 대외적인 교섭이 매우 원만해져서 상대방에 호감을 안겨줄 뿐만 아니라 자신도 모르는 사이에 거래가 몇 건이나 성사가 되어 회사에 도움이 크게 된다. 특히 이 위치는 유연한 사교성과 설득력이 생기기 때문에 영업부서에는 최적의 방위라 할 수 있다. 다만 접대비가 많이 지출되는 경향이 있다. 사업이나 방문객과의 접대장소로는 남쪽과 함께 최고 위치라고 할 수 있다.

▶서북방위 : 역시 대표자나 아니면 중역, 혹은 간부가 앉으면 회사가 번성할 수가 있다.

4
출세를 하고 싶다면
책상 우측에 전화를 놓아라

이런 말을 하면 어리둥절할 사람이 없지 않을 것이다. 직장에서 책상 우측(右側)에 전화기를 놓아라 하면 대게 의아하게 느낄 것이다. 하지만 풍수는 환경학이라고 하였다.

환경학은 어디까지나 과학적 근거가 있다. 이는 일터인 직장에서 상사에게 인정을 받아 출세를 하고 싶다면 반드시 지켜야만 할 사무실 풍수 "테크닉"이다.

이는 책상 우측을 정리해 두는 일이다. 앉아서 우측이라고 하는 것은 오른쪽 손의 방향으로 단정히 정돈하는 일이다. 물론 일반적 생각으로서는 서류의 산더미 속에 깨끗이 한다라고 하는 것은 능률적으로 일에 대한 환경이라고는 하기 어렵다.

우선 사용하고 난 것이라면 오른쪽은 깨끗이 비워두는 것이 좋다. 뿐만 아니라 커피를 마시고도 컵을 오른쪽에 그대로 올려놓지 말고 왼편에 놓도록 한다. 이것은 「오른쪽」이라고 하는 것은 출세를 의미하는 방위이기 때문에 그렇다.

이 출세의 기가 있는 장소에 장애가 있어서는 안될 것이다. 넓게 넓게 어디까지나 출세가도를 달리고자 한다고 하면 「오른쪽을 비워두라」라고 하는 말은 대단히 중요할 것이다.

우리가 흔히 직장에서 나쁜 자리로 발령을 받아 갈 때는 이것을

「좌천」이라고 말하게 된다. 이것은 오른쪽의 반대 방향이므로 떨어진
다는 의미도 된다.

이러한 생각은 바로 동방위라는 뜻이 되고 좌는 서방위라는 의미
로서 이런 생각을 가지게 한다.

잘 알다시피 동의 의미는 「희망·발전·발생·근면·향상·활동·
성장·전진·개최」와 같은 뜻이 스며들어 있기 때문이다.

이와는 반대로 좌의 의미는 서쪽으로 「금전·물질·위안·수확」이
라고 하는 의미가 내재되어 있으나 서방의 흉상작용은 경제적으로
곤란을 받으며 이것이 중첩되어 부채를 짊어지고 쇠운이 되거나 돈
이 없는 사람이 된다고 할 수가 있다.

즉, 돈은 "힘"이라고 말할 때 힘이 없다면 이는 곧 쇠퇴를 의미한
다고 할 수 있다. 쇠퇴는 곧 금전에 한정된 것이 아니라 출세가도에
있어서도 쇠운을 맡는다는 뜻과 같은 것이다.

이 방법이 좋다고 하는 것은 자기의 책상위치가 어떤가에 따를 것
이며 되도록 책상 위 오른쪽을 깨끗이 하면 좋다. 우리는 자주 행동
할 때 북쪽을 향하고 남쪽을 뒤로하고 앉게 된다. 그러니 자연 우측
은 동쪽 좌측은 서쪽이 되기 마련인 것이다. 그러니 동쪽 우측은 당
신의 전도, 출세의 이미지가 응결되어 있는 곳이라고 말할 수 있다.

그렇다면 해가 솟아오르는 동쪽은 상상만 해도 희망에 차고 기대에 부풀게 된다. 그러므로 이 자리에는 전화를 대신 놓도록 한다. 전화란 통신기기이므로 정보를 날라다 준다고 하는 의미를 담고 있다. 즉, 회사의 안팎 사정과 최근의 뉴스 그리고 신상에 대한 정보도 쉽사리 얻게 된다.

이러한 정보를 통하여 자신의 활동사항은 물론 몸가짐을 다르게 가지게 될 것이다. 이런 풍수가 자신을 더욱 분발하게 할 것은 물론 출세에 있어서 하나의 활력소로 활동하게 될 것이다.

이런 의미에서 오른쪽 책상 위에는 반드시 정돈되어 있는 깨끗한 자리가 되어 있어야만 하고 여기에 귀를 신속하게 뚫어주는 전화가 필요하다고 할 수가 있다. 즉 책상의 우측에 전화를 놓게되면 회사 상사의 심기나 동태 그리고 무엇을 바라는가를 쉽사리 얻어듣게 될 것이다.

정보를 쉽게 얻을 수 있다라고 하는 것은 자신의 몸가짐에도 중요한 정보일 뿐만 아니라 여기에 상응하는 대책이 수립될 것이니 그렇게 둔한 두뇌가 아니라면 상사에게 귀여움을 받도록 활동하게 될 것이다.

동쪽에서 희망찬 기운을 얻고 오른쪽 책상 위에 그 기가 응결되고 전화로 쉽사리 얻어들을 수 있는 계기가 될 것이다. 또 하나 중요한 일은 전화를 받을 때 대부분의 사람은 수화기를 오른손으로 잡지, 왼손으로 잡지는 않을 것이다.

비록 왼손잡이라 하더라도 수화기를 집어들 때는 대게 우수로 잡게 되어 있다. 중요하다고 할 수가 있다. 그러므로 우측의 정보는 대단히 중요하다. 그뿐만 아니라 근래는 휴대폰을 주로 많이 사용하고 있는데 이 휴대폰 역시 오른손으로 잡고 귀에 대는 것이 보편일 뿐만 아니라 사용하고는 반드시 오른쪽에 놓도록 하는 것이 원칙이다.

출세를 하고 싶으면 전화를 오른쪽에 두어라.

5 인연이 따라가는
길 방위에 사업운이 있다

지금은 어디를 가나 한숨만 내쉬게 되는 안타까운 경제불안 현실
이다. 대기업은 물론 중소기업, 그리고 작은 구멍가게에 이르도록 장
사가 잘 안되어 죽을 지경이라 한다.

얼마 전까지만 해도 잘나간다고 부러움을 사던 강남의 벤처기업
마저 급직하로 떨어져 나락에 처해있다고 하니 영광은 잠시뿐이고
상처만 깊은가보다.

도대체 "주"가 무엇이기에 땀흘려 한푼 두푼 모아서 돈을 쌓을 생
각은 안하고 땀 대신 요행과 술수 그리고 눈치로 돈을 벌려니 우리
경제가 이 모양이 된 것 같다. 돈이란 어디까지나 정당하게 땀흘려
벌어야 하는 것이 당연한 것이다. 생활풍수를 알자면 먼저 방위의
기초 기운부터 알아야만 하는 것이 올바른 길흉을 알 수가 있다.

하늘과 땅 이것이 대 우주인 것이다. 인간은 이 우주의 중간에 사
는 보잘것없는 하찮은 미물에 불과하다. 그러니 당연히 우주 속에
기운을 받고 느끼면서 살아가게 된다. 천지조화라고 하는 것은 당연
히 이 우주의 기운 때문에 움직이고 있기 때문이다.

이 움직임이 뭉쳤다 흩어졌다 하는 것이 기인데 이 좋은 기가 내
몸에 들어왔을 때는 나의 에너지는 최상의 기운을 만들어내게 된다.

혹은 나쁘다고 할 수가 있는 흉운도 만들게 된다. 그러므로 방위

에 따라 본바탕으로 가지고 있는 8방의 기본적 원리부터 알아두는 것이 순서라고 할 수 있을 것이다.

8방위란 동서남북의 이 4방과 동북, 동남, 남서, 서북의 방위를 합해서 8개 방위가 된다. 예를 들면, 동은 진(震)이라고 하는 또 다른 부호가 붙어 있고, 동남은 손(巽) 남은 리(籬)라고 하며 서남은 곤(坤)이라고 하는 각기 다른 이름이 붙어 각 방위에 따르는 의미가 각각 있다.

동은 활력·발생·근면·성장·성공 등이고, 남은 지혜·미·화려함·융성, 그리고 서남은 순종·겸직·공손·농실 같은 의가 들어 있어서 방위에 따라 길흉이 들어온다고 믿고 있다. 이것을 알면 방위에 따르는 개념을 느끼게 된다.

그렇다면 가령 동남의 운세는 어떠한가? 동남은 태양이 중천에 떠오르면 강하게 빛을 발산해내는 위치라 할 수 있는데 이 위치가 갖는 의미는 노력·준비·번영·이익·수정·환성·성공 같은 의미가 들어 있다.

물론 여기서 길흉의 각기 다른 의미는 다르다고 할 수 있으나 길의 방향에서 본다면 대단히 덕이 있는 방위라고 할 수 있다. 그러므로 장사이건 아니면 사업이건 자신의 능력 이상의 재능을 최고로 발휘할 수 있는 방위라 할 수 있다.

이 때문에 개인적 의미로 보면 원만·존경·능력이 있다고 되어

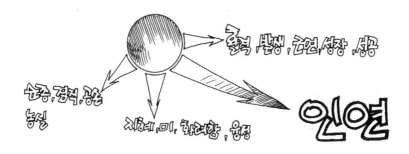

있으니 지휘 여하에 관계 없이 성공발전할 수가 있는 방위라 할 수 있다.

만약 주부라고 하면 온화한 성격과 사교성이 좋은점으로서 모든 대외 관계가 순조롭게 펼쳐져 나가게 된다. 또 동남부는 인연이 크게 작용하는 것으로 사람과 사람의 연(緣)의 업무가 강하게 작용을 한다.

장사나 아니면 사업도 예외일 수는 없다. 즉 연 관계가 깊이 작용하는 것이다. 이런 인연을 중시하기 위해서는 무엇보다 상사의 격이나 인격, 거래처 주인이나 상대방 회사 직책자의 인격을 존중해줄 필요가 있다. 아무리 싫은 사람이라고 해도 상사는 상사이고 거래처 주인은 주인이다.

항상 이런 생각만 가지고 있다면 인연의 관계의 힘이 많이 작용하고 있으므로 굳은 신망과 존경을 받게되어 믿음으로 교류하게 된다. 그러므로 동남방에 있어서는 상대의 거래처인 사람에 대한 "격"을 인정해 주어야만 한다.

우선 회사 안에서는 상사이면 상사에 대한 격을 인정해주어야만 한다. 이것이 신망을 받는 지름길이 된다.

마음에 들지 않는다고, 아니면 생각이 다르다고 해서 격을 낮추거나 아니면 돌아서서 불만을 표한다면 이는 연을 만들 수가 없다. 사람은 누구나 자신을 알아주고 믿어 줄 때 상대에 대해 존경심과 신뢰감이 생기기 마련인 것이다.

그러므로 인간관계를 유지하는 것에 있어서는 무엇보다도 상대방의 인격이나 현재의 위치를 인정해 주는 것이다. 그리하면 상대도 나에게 호감을 갖고 대해주기 마련인 것이다.

동남은 인연 즉 연이 있는 것이므로 이 연을 잘 잡으면 큰 도움이 되고 나에게 유리해진다. 동남에는 연이 닿는 곳이므로 이를 항상 기억하고 명심할 필요가 있다.

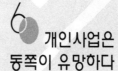

6 개인사업은
동쪽이 유망하다

　많은 직장인들이 일터에서 물러 나오거나 아니면 쫓겨나고 있다. 그래서 잇따라 창업전시회가 열리고 있고 무슨 장사를 시작해야만 살아갈 수 있을까의 걱정들이다.

　이러한 불안심리 때문에 서민의 감각은 계절의 겨울추위 만큼이나 차갑고 쌀쌀하게만 느껴진다. 제2의 IMF라고 해도 틀린 말이 아닐 구조조정으로 기업이나 공장은 연일 군살빼기로 애매한 인력감축에만 신경을 다하고 있다.

　이 때문에 또 다시 실업사태가 이루어질 모양이다. 옛날은 한번 직장에 들어가면 평생직장이라 했다. 그러나 지금은 이 개념이 없어져 이럴 바에야 직장을 나와 단독 직업으로 새롭게 시작을 하겠다고 결심하는 이가 적지 않다. 그래서 벤처기업의 숫자가 늘어나고 계속해서 개인영업이 늘어나고 있다.

　그러나 퇴직금으로 받은 생명과 같은 돈을 잘못 투자해서 하루아침에 그 돈을 날리는 참으로 안타까운 경우가 비일비재하다.

　그러나 이것저것 가리고 있다가는 가족의 생계마저 어렵게 될 것이니 어떠한 결단을 내려도 내려야만 할 것이다. 그래서 내 장사를 위해 독립을 해서 직업을 갖고 인생의 새 출발을 시도해 보려는 이가 적지 않다. 그러나 함부로 이 험한 바다에 뛰어들기란 위험하고

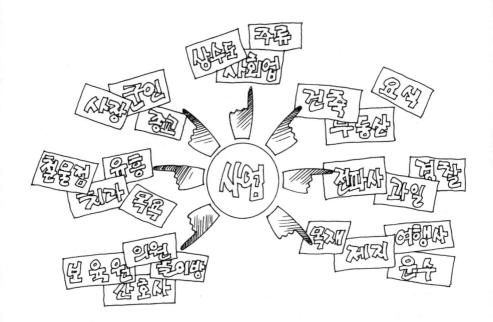

모험이 필요하다.

작은 기술이라도 한 가지 갖고 있는 사람이라면 이 기술을 토대로 시작해 보겠으나 그런 기술도 없다면 여간 위험 천만한 모험이 아닐 것이다.

이런 고민을 떨쳐버리고 우선 내가 하고자 하는 업종부터 결정을 해야만 한다. 업종이 결정된 연후에는 방위가 맞는지 어떤지부터 생각해봐야 한다. 집에 있는 중심에서 내 직업이 방향에 맞는지 안맞는지를 알아볼 필요가 있는 것이다. 우선 그 방위는

▶**북쪽**: 상수도업, 수산물업, 주류업, 유흥업, 종교, 사회업
▶**서쪽**: 철물점, 금속기구점, 유흥업소, 출연자, 목욕업, 치과병원
▶**남서쪽**: 의원, 보육원, 놀이방, 간호원, 농사
▶**남동쪽**: 목재소, 제지공장, 여행사, 운수업, 오파상
▶**북동쪽**: 건축업, 요식업, 부동산 중개업, 보험영업소

▶**북서쪽**: 단체장, 사장, 정치가, 군인, 경찰관, 종교가

▶**동쪽**: 전기기술자, 전파사, 과일가게, 수목원, 가수, 성악가

물론 이 직업상의 방위를 고를때는 본명성이라 하는 자신이 태어날 때 가지고 나온 별자리의 길 방위가 참조되어야만 하지만 대체적으로 위와 같은 직업이라면 무난하다고 할 수 있다.

이 방위는 주로 5행의 상징적 의미를 구체화한 것이다. 그러나 뭐니뭐니 해도 처음 직업을 갖기 위해 개업을 하겠다고 하는 경우 우선 동쪽이 유망하다는 사실을 염두에 둘 필요가 있다.

동쪽은 알다시피 해가 솟는 방위인 동시에 여명을 상징하고 있는 희망이 솟는 방위이다. 그래서 이 동쪽의 종합 운은 향상 · 진취 · 개최 · 창시 · 활력 · 근면 · 성장과 같은 의미의 뜻이 들어 있으니 사업이나 상업을 해도 좋은 방위라 할 수 있다.

그뿐만 아니라 진(震)방이라고도 하는데 이는 요란스러운 소리를 내어 진동한다고 하는 뜻과 놀라움이나 아니면 경의로운 뜻도 있다.

이런 의미에서 본다고 하면 이 동쪽은 눈부신 발전과 이웃을 깜짝 놀라게 할 그런 방위이므로 만약 독립을 해서 자영을 하고 싶다면 자신의 집 중앙에서 방위에 맞는 사업을 우선 택하고, 동쪽에 가게나 영업장을 시작한다면 결코 실패율은 적을 것이다. 성공하고 싶다면 동쪽을 택하라고 일러주고 싶다.

황종찬 박사의
생 활
풍 수

7
장사를 잘되게 하려면
가게 위치부터 잘 잡아야

음식점이나 옷가게를 다니다보면 똑같은 업종에 장소도 바로 대각선이거나 앞뒷집 마주하는 경우인데 그곳에 드나드는 사람과 영업매상이 월등히 차이가 있다는 것을 알 수가 있다.

신촌 Y대 앞쪽의 골목들은 항상 젊은이들로 넘치는 거리인데 같은 음식점들이 들어있는 골목에 들어서면 거기가 거기인데도 장사가 잘되는 집과 안되는 집이 있다고 한다.

물론 독특한 요리법과 실내 장식 그리고 친절 등에 따라 다르다고 할 수도 있겠으나, 수입이 그렇게 다를 수가 없다고 한다. 그러나 외형적으로 보았을 때는 거의 비슷한데 그 차이가 다른 점은 무엇일까? 이것은 장사가 잘되는 집과 안되는 집으로 구분되는 것이다.

이러한 차이점은 한마디로 환경풍수학적으로 보아서는 틀림없이 어떤 근거가 있는 것이다. 첫째 풍수지리의 의미로 생기 유무에 의한 길흉 영향의 원인 때문이라 할 수 있다.

따라서 손님이 많이 들끓고 북적대는 가게의 위치는 생기가 강하게 응결되는 장소이기 때문이다. 단순하게 땅값이 비싸고 번화 거리에 있다고 해서 장사가 잘되는 것만은 아니다.

다시 말하면, 생기가 응결되고 있는 곳, 이런 곳이 손님이 많이 들고 장사가 잘되는 곳이다. 그리고 반대로 손님이 없는 곳은 융기가

없고 음기가 승하여서 가게가 잘 안된다고 할 수 있다.

예를 들면, 중간에 큰 도로를 사이하고 양쪽에 고만고만한 가게가 쭉 늘어서 있다. 그런데 해가 짧은 겨울은 빌딩 때문에 한쪽은 응달이고 한쪽은 양달이다. 그런데 사람들은 응달보다는 양달로 많이 걸어다니고 있다.

응달의 사람보다 양달쪽으로 걸어다니는 사람이 훨씬 많다고 할 수가 있다. 이는 위에서 말했듯이 음기와 양기의 영향 때문이다.

두말할 여지없이 양달쪽으로 사람들이 많이 왕래를 하고 있으므로 응달보다는 장사가 잘 될 확률이 높은 것은 당연한 이치다.

응달의 가게는 장사가 잘 안 되고 한마디로 말하면 썰렁하다고 할

수가 있다. 그리고 이와 같은 가게는 영업실적도 저조하겠지만 가게 주인의 건강에도 좋지 않다.

골목 안에 점포를 구할 때 T자형이나 Y자형 도로나 골목이 마주치는 곳의 점포를 택하는 것과 같다.

길이 하나보다는 두 갈래가 좋고 사람 왕래가 자연 많은 것은 당연한 이치다. 또 T형 역시 큰 길이 있고 또 내려오는 길이 있다라고 하면 유력한 것은 두말할 여지가 없을 것이다.

이와 같은 것들은 환경적 입장에 있어서도 유리한 것이니 잘되고 못되는 가게부터 살필 필요가 있다고 할 수 있다. 그렇다고 너무 길이 소란스러울 정도로 사람의 왕래가 많은 곳도 안좋고, 그렇다고 지나치게 사람의 왕래가 없는 곳도 좋지 않다.

풍수학적으로 말할 때 너무 소란하고 요란스러우면 사방으로 생기가 흩어진다고 할 수 있다. 이런 가게는 흉기의 영향력으로 화재나 아니면 교통재난 같은 것도 당할 수 있다. 달리던 차량이 갑자기 가게에 뛰어든다든가 아니면 화재의 우려 같은 것도 있을 수 있는 것이다.

그렇기 때문이나 T자나 Y자 도로가 좋기는 좋으나 이것이 길상이어야지 흉상이면 좋지가 않다. 이럴 때는 인파가 "생기방"의 여건을 최대한 살려서 교차로 상에 있는 「흉살」, 「흉기」 등을 가능한 제거시켜주는 것이 원칙이라 할 수 있다.

1. 가게의 입구가 중앙에 위치하지 않도록 하는 것이 원칙이다. 이 경우 입구의 안으로 다량의 먼지와 소음이 흘러들게 되어 있다. 이럴 때는 대형 화분이나 관엽식물같은 화분을 놓도록 한다.

2. 가게 입구의 전망이 넓어야만 한다. 앞이 막히고 답답하다고 하는 인상을 느껴서는 좋지 않다. 그리고 자기 가게가 놓여진 앞쪽으로 다른 가게의 간판이 많이 보이면 좋지 않다. 이는 이런 간판들이 기의 흐름을 차단하기 때문에 그런 것이다.

3. 가게문은 남향이 아니면 남동향이 좋다고 할 수 있다. 이런 위치를 두고 가게를 운영하도록 하는 것이 행운이 있고 손님들이 많다고 할 수 있다.

제 5 장
취직운과 풍수

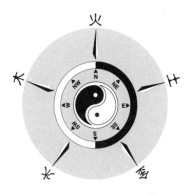

취직은 인간관계가 관건으로 이루어진다

생활풍수에 있어서는 인연이 곧 돈이란 말도 있고, 사람이 취직을 시켜준다는 말도 있다.

아무리 일자리가 많아도 나와 인연이 없고 누군가가 도와주지 않으면 취직을 할 수가 없다. 그러므로 취직은 곧 "인연이다"라고 하는 것이다. 그러므로 우리는 살아가면서 더 많은 사람과 인연을 맺어 두는 것이 옳다고 할 수 있다.

그 인연을 만들기 위해서는 평소 이웃간이나 친구들 사이에도 존경을 받는 사람이 되어야만 한다. 이런 인연을 얻기 위해서는 누구에게나 호감을 살 수 있는 인격을 갖추어야만 할 것이다. 그러므로 지나치게 구두쇠 소리를 듣거나 아니면 야박한 사람이라고 하는 지목을 받지 않도록 하는 것이 중요하다.

이러한 인격을 만들기 위해서는 첫째는 사랑이고, 둘째는 정직이며, 셋째는 몸가짐이라 할 수 있다. 이런 유형은 하루 이틀에 생기는 것은 아니지만 남에게 호감받는 인격은 취직을 하는데 있어서는 절대적이다.

평소 이와 같은 인격으로 살아왔다고 하면 비록 직장을 잃었다 하더라도 취직이 되는 것은 시간문제라 할 수 있다. 풍수에 있어서는 「인연」을 부르는 방위가 따로 있다.

인간관계를 맺는 방위라 할 수 있는데 주로 북, 동, 동남, 서의 4방위가 주가 된다. 만약 취직이나 직장을 두고 구하거나 아니면 고민하고 있는 이가 있다고하면 우선 이 4방위에 대해 검토해 볼 필요가 있을 것이다.

우선 내가 현재 거처하는 집의 중심에서부터 이 방위들의 힘이 크게 작용한다고 할 수 있으므로 취직의 응시나 취직 부탁도 이쪽 방위에 신경을 쓰면 좋은 효과를 얻을 수 있어서 곧 취직이 될 수 있을 것이다.

북쪽은 사람에게 신뢰를 받는 방위다. 취직자리가 북쪽에 있다면 인연의 관계가 더 크므로 다른 방위보다 가능성이 높은 것이다. 이는 인간관계가 보호되기 때문이다.

여기에 기를 더 높이려 하면 꽃을 장식해 두면 훨씬 더 큰 힘이 작용된다. 그리고 취직과 관련있는 동쪽 방위와 궁합이 맞는 색상은 파란색이므로 파란색의 벽지나 커텐으로 장식하는 것이 좋다.

또한 벽면에 바다나 배가 그려져 있는 그림을 걸어두면 훨씬 더

유리하다고 할 수 있다.

그리고 동쪽은 젊은 사람들에게 연이 닿을 수 있는 파워가 있는 곳으로 나를 도와주려고 하는 사람들이 많이 모이게 된다. 그러니 쉽사리 인연이 닿아 취직이 쉽게 이루어질 것이다.

동남 방위는 다른 사람의 혜택을 많이 받을 수가 있는 방위로서 친구도 많이 있고 교제도 쉽사리 이루어지게 되며 취직시험에도 인연이 닿게 되어 좋은 결과를 얻을 수가 있다.

이 동남 방위도 파워를 높이기 위해서는 이 방향에 꽃이나 아니면 관엽식물을 놓아두면 효과가 있다.

인테리어에 있어서 나무라면 더욱 좋다고 할 수가 있다. 나무와 일자리는 인연관계가 쉽사리 이루어질 수가 있기 때문이다. 그러나 여기서 명심해야 할 일은 이 방위는 특별히 악취를 싫어하는 방위이므로 이쪽에 화장실이나 아니면 짐승을 키운다고 하면 자리를 옮기는 것이 좋다.

서방위는 즐겁고 기쁨을 안겨주는 파워가 있는 방위이므로 많은 사람들이 몰려와 도와주게 된다. 파워를 높이자면 가을 풍경화나 아니면 서양식 집이나 도시 그림을 걸어두면 기운이 높아져 취직이 쉽게 된다고 하겠다.

그러나 중요한 곳은 현관이다. 현관이 넓고 밝은 것이 취직의 관건이 될 수 있다.

2 취직시험에 합격하려면 동쪽 "파워"를 받도록 하자

봄은 기다리는 이에게 희망과 용기를 불어 넣어주는 계절이다.

부실기업과 부실금융조정으로 정부는 1백만명 실업자가 생겨나리라는 발표가 있었다. 오랜 학업을 끝내고 대 학문을 나서는 사회 초년병들에 있어서는 참으로 모진 추운 겨울이 아닐까 싶다.

이렇게 되고 보면 사회의 중추인 고급인력이 거리를 방황하는 셈이 된다. 입시에 합격되거나 아니면 취직이 되어야만 배운 지식을 사회에 환원하고 개인에게는 생활을 영위하게 된다.

그러나 일자리 자체를 얻지 못한다고 하면 이 나라의 발전이 암담할 수 밖에 없다. 이와 같이 어려운 상황에서 어떻게 수십내지 수백대 1에 해당하는 입시나 취직시험의 작은 구멍을 뚫을 수 있을까가 관건이 될 것이다.

참으로 안타까운 일이라 할 수 있다. 그렇다면 이 치열한 입시경쟁 속에서 과연 내가 당당히 합격을 하고 취직의 영광을 얻을 수 있는 길은 없는 것인가.

이런 합격풍수를 위해 먼저 내가 살고 있는 주변부터 찬찬히 면밀하게 살펴볼 필요가 있다. 즉 집안 방위와 위치 등을 검토할 필요가 있다.

첫째, 집 중심에서 북서 방위나 아니면 남서 방위를 정확하게 살펴볼 필요가 있다. 이곳이 문제가 있다면 아무리 힘을 써도 취직하기가 어려울 것이다.

북서 방위는 「강건, 존귀, 부유, 왕성, 위엄, 권위」와 같은 의미를 가지고 있고, 남서방위는 「충실, 순종, 생육, 출세」와 같은 의미를 가지고 있는데 욕실은 어둡고 습기가 있는 곳이고, 창문은 기가 빠져 나갈 수 있는 곳이므로 입시나 합격에 장애가 될 것이다.

다시 말하면 욕실은 일자리와 관련이 깊은데 큰 데미지이고, 창문은 기운이 흐르므로 이를 막지 못하면 개운을 얻을 길이 없다. 그런 것만이 아니라 집안의 곳곳에 틈이나 벽이 갈라져 있거나 아니면 비가 새는 것과 같은 누수현상이 있다고 하면 직장을 얻기가 어렵다고 말할 수 있다. 이것은 강한 데미지를 입고 있다고 할 수가 있기 때문이다. 다시말해 이 운기를 개선하지 않으면 쉽게 일자리를 얻을 수 없다. 그렇다면 이대로의 상태에서 개선 방법은 없는 것일까?

우선 욕실을 환기 시켜야만 하고 내부를 밝게 해야 한다. 창문은 가리개로 남서향의 햇볕을 막아야 하고 커텐으로 이 햇볕을 조절해야 한다. 그렇지 않으면 창문으로 기가 모두 흘러나가버리기 때문이다. 기를 집 안에서 밖으로 나가지 못하게 차단해야만 하는 것이다.

가장 중요하다고 할 수가 있는 것은 기의 에너지는 동쪽에 있을 것이므로 동쪽 방위의 방에서 거처하면서 침상의 머리는 동쪽을 향해서 반듯이 자도록 해야만 한다.

남서쪽에는 주로 TV, 오디오, 전화와 같은 전파를 잘 타는 것을 놓도록 한다. 이렇게 하면 기가 훨씬 파워를 듬뿍 받을 수 있다.

동쪽은 활력있는 힘이 있기 때문이다. 입사 시험과 취직에 반드시 성공하고 싶다면 동쪽 파워의 힘을 얻도록 하면 반드시 성공할 수 있다. 동쪽의 기운을 많이 받아 개운해야만 한다.

황종찬 박사의
생활풍수

3 동남방의 상생인을
만나면 취직이 된다

우리의 인생은 경쟁이라고 하는 것이 따라다니고 시험이라고 하는 관문은 있기 마련이다.

이 경쟁자와의 성패여부에 따라 당신의 질과 생활이 달라진다고 하는 사실은 이미 다 알고 있을 것이다. 옛날에도 과거시험에 붙어야 관리가 되고 정치에 나갈 수가 있었고, 오늘날에도 출마를 해서 경쟁자와 이겨서 당선이 되어야만 국회의원도 되고 시의원도 되며, 구청장은 물론 구의원도 될 수가 있다.

국가사법고시를 합격해야만 판검사가 되고 변호사도 된다. 의사도 약사도 심지어 차를 운행하려면 운전시험까지 치뤄 합격을 해야만 자격을 얻을 수 있다.

회사에 들어가려고 한다면 그 회사가 실시하는 시험에 패스하고 선발이 되어야만 들어갈 수 있다. 그러니 시험이나 이 취직이라고 하는 것은 한마디로 인간생활과는 불가분의 관계라 할 수 있다.

수능시험을 잘 보아야 일류대학에도 가고 대학을 나와서는 좋은 회사나 관직에 들어갈 수가 있다. 그러니 사람의 생활에는 언제나 시험의 연속이라 할 수 있다.

아무리 좋은 대학을 나와도 회사가 바라는 시험에 들지 못하면 합격을 할 수가 없다. 그야말로 취직하기가 하늘의 별따기 보다 어렵

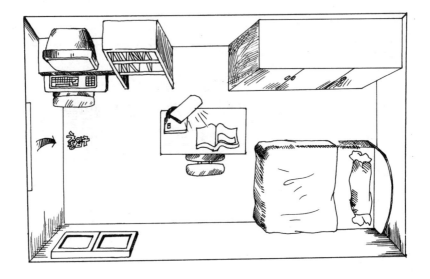

게 되었다고 할 수 있다.

　취직을 위해서는 무엇보다 시험을 잘 치뤄야만 하는데 그 운이 문제라 할 수 있다.

　때로는 다소 시험을 잘못쳤다 해도 운이 따르기만 하면 놀라게 할 정도로 당당히 합격을 하는 수가 있다. 그렇다고 본다면 자신의 숙명이라고도 할 수 있겠으나, 그래도 자신의 노력과 운이 따르지 않으면 취직할 수가 없다. 그러므로 기초관문이라고 할 학교입시에는 어떤 노력을 다 해서라도 반드시 합격을 해야만하고 다음은 이 취직시험에 합격을 해야만 한다.

　우선 취직시험에 합격을 하기 위해서는 서쪽 출입문에 침대 위치는 동남쪽 방위가 좋다. 책장은 북쪽에 놓으면 좋고, 컴퓨터는 서북에 위치해 놓으면 좋다.

　자신의 옷장은 동북쪽에 놓고 남쪽에 햇살이 드는 창문이 있으면 더욱 좋겠다. 침대 옆이 되는 방의 중간쯤에 책상을 놓고 공부를 하면 공부가 잘 된다. 이 정도라고 하면 어느 취직시험에도 효과를 얻을 수가 있어서 합격을 할 수가 있다.

또 면접시험이 있으면 면접시험도 좋은 결과를 받게되는데 동남방위는 귀인을 만날 수 있는 방위로서 좋은 면접관을 만나게 되는 것이다.

사실 오늘날의 시험 체점은 대부분 기계가 하게 되는 것이나 기계를 움직이는 것은 역시 인간이므로 귀인적 인덕이 있는 사람을 만난다할 수 있다. 시험관과는 상생관계가 이루어져서 좋은 점수를 받게 된다고 할 수가 있다. 그런 관계를 만들기 위해서는 내가 거처하는 방안의 장신구 놓기에 각별히 신경을 써야만 한다.

침대와 책상, 책꽂이는 원목색 그대로가 좋으며 검정색은 좋지 않다. 이런 색이 있다면 하루 빨리 교체하는 것이 좋을 것이다.

그리고 침대커버는 대부분 흰색이 공통이지만 백색에 체크무늬가 있으면 더욱 좋다고 할 수 있다. 평소 재빠른 판단과 실행력이 길러져서 취직에 좋은 효과로 나타날 수 있다.

면접에 있어서는 스타가 되어야만 한다. 음양의 사상에는 태양과 달의 두 가지가 다 소중하지만 달처럼 어두운 밤하늘의 빛보다는 밝은 낮의 햇볕처럼 밝은 것이 좋다.

시험장이나 면접장소에 가서는 언제나 내 머릿속에는 태양과 같은 빛이 있다는 자신감으로 면접관을 대해야만 한다. 그 자신감은 집안의 방위가 충분하게 보장을 해주기 때문일 것이다.

그래서 취직을 하려면 동남쪽과 상반되는 귀인을 만나게 되면 필히 직장을 얻게 된다. 동방은 귀인을 만날 수가 있는 방위이기 때문일 것이다.

4 취직을 하려면 음기를 제거해야만 한다

IMF의 한파로 실업자가 100만에 이르렀다고 하니 일자리 얻기가 하늘에 별따기보다 더욱 어렵게 되었다.

무엇보다 대졸 실업자도 60%나 된다고 하니 이번 겨울은 사상 최대의 추운 겨울이 될 것이다. 더구나 구조조정으로 일반 실업자도 늘고 있으니 가족들의 생계문제가 막막하게 되어 가고 있다고 할 수가 있다.

내 잘못도 아닌데 행복(吉)했던 나에게 불행(凶)운이 다가왔는지 모를 일이다. 이런 흉운이 닥쳐왔을 때 절망적이고 암담한 심정은 당사자가 아니면 모를 것이다. 대게 일자리를 잃었거나 아니면 취직이 되지 아니하는 것은 집방위에 이런 흉운이 닥치고 있다고 풍수학적으로는 믿고 있다.

먼저 불행을 가져오는 가장 무서운 귀문(鬼門:동북남서)방위에 걸려있지 않은가를 살펴볼 필요가 있다.

이 방위에 있다고 하면 나 자신의 기가 억눌리고 흐트러지게 된다. 이는 글자 그대로 귀신이 흔들고 있기 때문일 것이다. 그래서 떨어질 수 밖에 없을 것이다. 이는 흉기가 강하기 때문이다.

풍수학적으로는 양택 3요소라고 하는 것이 있는데 이것은 대문, 안방, 화장실을 두고 말하는데 이 세 곳이 좋으면 만사 순조롭고 그렇지 못하면 좋지 않다고 하는 것이다. 그래서 만약 집의 구조상 귀문선상에 걸려 있다고 하면 취직이 잘 안되고 흉상이 된다.

두 번째는 본명성(本命星)이라 하여 자신의 「띠」, 즉 생년월생의 기가 방위에 합당치 않으면 또 흉액을 면치 못하게 된다.

이는 음양의 밸런스가 맞지 않으므로 생겨나는 원인으로 볼 수 있는데 이때는 음과 양의 기를 적절하게 조절하는 것이 가장 현명한 방법이라 할 수 있다.

집의 중앙에서 지나치게 모퉁이가 튀어나와 있으면 이를 만(滿)이라고 하는데 좋지 않다. 이와 반대로 들어가 있어도 좋지 않다.

이런 점은 모두 음양의 밸런스를 저해하는 요인이므로 흉하다고 볼 수 밖에 없을 것이다. 이렇게 생각한다면 음양의 조절은 대단히 소중하다고 할 수 있다. 그래서 직장을 잃게되는 원인도 취직이 안되는 원인도 여기에 따라 결정이 이루어진다고 할 수 있다.

그러므로 귀문에 속하는 북동쪽에 큰 구멍이 있거나 아니면 화장실, 또는 물탱크, 부엌이나 욕실이 있고, 하수구나 수영장 연못 등이 있으면 좋지가 않다.

두 번째는 남서쪽인데 여기서는 집이 안으로 들어와 있어도 좋지가 않다. 역시 이곳에도 낮은 집, 우물, 연못, 풀장, 부엌, 욕실, 화장실, 하수구가 걸려 있으면 흉운이 되므로 일자리를 잃거나 아니면 취직하기가 어렵게 된다.

이중에서도 북동간의 흉액이 가장 나쁜데 가정의 불행을 제일 많

이 초래한다고 할 수 있다. 이런 흉액이라고 하는 것은 실직할 수가 많고 실직하면 아무리 일자리를 갖고 싶어도 얻기가 어렵다는 것이다.

즉 취직이 어렵다고 할 수 있다. 그러므로 이런 사람은 경제관념이 회박하고 무기력한 것이 확실하다.

가족의 단결성도 좋지 않으며 고집이 있어서 가족간에도 자주 다투게 된다. 이 때문에 직장운도 트이지 않는 것이다. 그렇다면 운을 길운으로 바꾸어 일자리를 얻거나 취직을 쉽게 할 수 있는 방법은 없는 것인가? 풍수의 방위에서 이 문제를 쉽게 해결하고 있다.

주로 귀문방위는 음기가 서려 있으므로 쉽사리 일터를 잃거나 취직이 되지 않아 고민하게 된다. 쉽사리 일터를 마련할 수 있고 취직시험에 잘 붙는다고 하면 얼마나 좋겠는가?

이 경우 음양을 적절하게 조절하여 처방하는 방법을 취하게 되면 일터도 쉽게 마련할 수가 있게 되겠고 취직도 무난하게 될 수가 있다.

고생을 하는 사람들 대부분은 귀문선상에 있으므로 이럴 때는 가능한 귀문선상에서 벗어나는 방법이 현명한 처사다.

그리고 잠을 잘 때는 가능한 동쪽이나 남쪽을 향해 머리를 두고 잠을 자면 좋다. 그러나 뭐니뭐니해도 취직에 합격을 하고 싶다면 햇볕을 적절하게 받아들이는 방향에서 잠을 자거나 아니면 활동하게 되면 쉽사리 일자리를 얻게 된다.

명심하여 한번쯤 살피고 실행해 보는 것이 좋을 것이다.

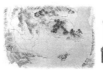

5 직장을 얻으려면 옷과 음식의 파워를 높여야만 한다

예로부터 「의식주」라고 하는 말을 흔히 듣는다. 사람이 살기 위해서는 3가지 기본이 있다고 하는 뜻이다.

그 기본이란 첫째 거처인 집이 있어야만 하고, 둘째 건강을 유지하고 살기 위해서는 먹는 것이 중요시되어야만 하며, 세번째로는 풍한서습을 이기기 위해서 옷을 입거나 걸쳐야만 한다.

이와 같이 세 가지 요건을 갖추기 위해 밤낮으로 일하지 않으면 아니된다. 이것이 넉넉하게 갖추어져 있을 때 "행복하다"하고, 이것이 이루어지지 않았을 때 "불행하다"고 한다.

이러한 요건을 갖춘다고 하는 일은 하나같이 대지에서 얻게 되는 것이다.

땅 위에 집을 짓게 되고 논과 밭에 씨를 뿌려 여기서 얻어지는 곡식으로 건강을 유지시키고 또한, 자연에서 얻어지는 동식물의 것으로 옷을 만들어 입게되니 의식주는 하나같이 지상위의 땅에서 나는 것으로 살게 된다.

집은 안식처로서 휴식을 하고 에너지를 공급받고, 음식과 옷은 활동을 하기 위해 먹고, 일하기 위해 몸을 가리는 의복이 필요하다.

이 때문에 취직에 있어서도 집과 음식, 그리고 의복인 옷은 불가분의 관계라 할 수 있다. 결국 일터인 직장을 얻기 위해서는 반드시

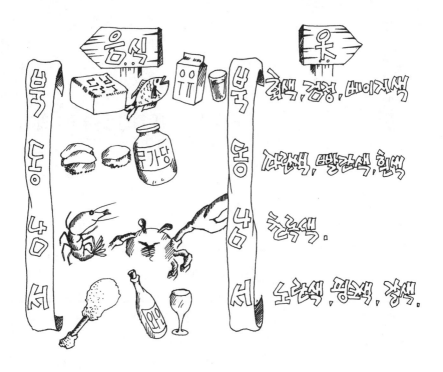

음식과 옷의 "파워"를 빌리지 않을 수 없다.

음식은 자동차에 비유를 한다면 가솔린 역할이 된다. 이 가솔린이
공급되어야만 움직이고 활동할 수 있다. 그러므로 즐겨먹는 음식에
따라서 더 큰 "파워"를 얻게 된다.

집의 중심에서 북쪽 방위에 있거나 그 방위의 일터에 직장을 갖고
싶다면 두부, 생선, 우유, 물 등을 먹으면 좋을 것이며, 동쪽 방위에
있어서는 초밥, 식초가 들어있는 요리, 감, 귤 계통의 쥬스가 건강에
이롭고 취직에도 좋다.

남쪽은 샐러드, 야채쥬스, 새우, 게 같은 음식이 좋다.

서쪽 방위는 프랑스요리, 치킨, 와인포도주 등이 건강과 더불어서
취직할 수가 있는 파워를 얻을 수 있다.

다음은 의복으로, 옷은 몸을 보호하기 위해 반드시 필요하다. 그러나 옷의 색상이 파워를 불러들이게 되어 행운을 맞아들이는 것은 물론 취직운이 강하게 된다.

북쪽 방위는 회색, 검정색, 베이지색, 파란색, 흰색 등이 취직에 좋은 결과를 안겨주게 된다. 이는 면접관과 강한 상승작용을 일으켜 좋은 결과를 얻게 된다.

그 다음은 동쪽인데 동쪽은 파란색, 빨간색, 흰색이 좋으며, 남쪽은 초록색, 파란색, 흰색이 좋다고 할 수 있다. 그리고 서쪽은 노란색, 핑크, 베이지, 갈색, 흰색 계통이 면접관과 상생이 되어 다른 색상의 의복보다는 그 파워가 몇배 더 높다고 할 수 있다.

그러므로 일자리를 얻고자 한다면 시험이나 면접을 보러 갈 때는 반드시 위의 색상옷을 입으면 무심히 면접장에 나갈 때보다 취직될 확률이 확실히 크다고 할 수 있다.

이것은 두말할 여지없이 음식이나 아니면 색상에 따라 상대에게 강한 이미지를 줄 뿐만 아니라 파워를 주기 때문에 취직할 수가 있다.

즉 면접관이나 아니면 시험관인 선발자의 눈에 좋은 인상을 느끼게 하여 그 확률이 대단히 높아지는 것이다. 이런 의미에서 본다면 의식주를 주관하는 요소는 모두 대지와 하나같이 관련이 크다.

대지(땅)에서 얻어지는 기운이 나 자신은 물론 상대가 잡아 끄는 강한 매력이나 "파워" 때문에 반드시 일자리를 얻게 된다.

그러므로 힘에는 의복이나 음식 종류나 색깔이 결정적 결과를 안겨준다. 취직을 위해서는 잠자리와 의복, 그리고 음식의 풍수를 다시 생각해 볼 필요가 있을 것이다.

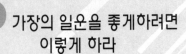

6 가장의 일운을 좋게하려면
이렇게 하라

주인인 가장들의 실직이 잇따르고 있다. 구조조정의 한파로 인한 실직과 불경기가 겨울의 냉한 못지않게 차갑기만 하다. 그러니 서민의 가정 경제는 더 어려워지고 있다.

가장이 활발해야 가정도 따뜻한 법인데 불황이다 실직이다 하고 있으니 가정인들 훈기가 있을리 없다. 그래서 서민의 작은 가정은 지금 최악의 경우를 맞고 있다.

가장은 명퇴나 구조조정으로 회사에서 쫓겨나지 말아야하고, 개인 장사나 회사 경기도 어느 정도 버텨나갈 정도는 모두 쓰러지고 말 것이다.

그렇다면 이 어려운 불황을 어떻게 헤치고 지나갈 것인가. 태산같이 높은 산이 앞을 가로막고 있는 것이다. 그렇다고 이 높고 험한 고개를 넘지 못하고 주저 앉을 수도 없다.

북서의 방위는 가장의 방위이자 길운의 방위이다. 그러니 북서는 집안에서 가장인 주인의 자리이자 행복한 가족 전체의 것이기도 하다.

다시 말하자면 가장의 건강이 가족과 직결해 있다는 것이다. 그런데 이 북서의 방위는 실행력과 발전성에 가장 혜택이 있다고 할 수가 있는 방위이다.

북동쪽 방위는 가족 전체의 협력에 의해 가정이 훈훈해지는 것으로 되어 있다. 최근에 와서는 어느 가정이나 대부분 개별생활을 하는 가정이 많은데 이런 가정은 단합이 의문시된다.

그러나 북동쪽 가족은 단결이 결속되어 한 집에서 뭉칠뿐만 아니라 인정이 더욱 돈독하다. 그러니 가정이 원만하다고 할 수가 있다.

화기와 온기가 언제나 가정안에 가득하다. 경제력에 있어서도 저축력이 강하고 낭비성이 없다. 그리고 남서방위는 주로 좋은 인연이 많은 것으로서 인격과 근면성 때문에 어느 사람에게나 좋은 평을 받게 되어 있다.

그러니 성격으로 보아서 진실하고 근면성이 활발하므로 왕성한 노동력과 활발한 활동력을 소유하고 있는 반면 책임감이 강하다.

끝으로, 북동은 여러 사람 중 리더쉽이 강하므로 금운과 재운도 여기에 따르게 되어 있다. 그러니 가장운이 주로 있는 방향은 북동, 북서, 남서 남방위로 되어 있다. 그 중에서도 가장 주인운이 좋다고 할 수 있는 방향은 북서와 남서가 가장 좋다고 할 수가 있다.

그러므로 집에서는 주인의 방을 북서와 남서에 만드는 것이 이상적이라고 할 수 있을 것이다.

이 두 방위는 길상작용은 물론 실행력과 발전성 혜택이 가장 크다고 할 수 있기 때문이다. 또 강직, 권력, 지배 같은 것을 가지고 있어서 남성적인 면을 갖추었다고 할 수 있다.

그래서 집에서 돈을 놓은 방위는 북서 방위에 금고같은 것을 만들어 놓으면 절대 어려움 같은 것은 겪지 않는다.

돈이 마르지 않고 어려움이 없다고 하면 직장은 잃지 않는다는 결과가 된다. 그러니 명퇴니 감원같은 것은 당하지 않을 것이다. 장사나 회사도 경쟁자보다는 더 잘 될 것이다.

이런 좋은 기운을 더 높이기 위해서는 북서방에 관엽식물을 놓으면 좋고 여기에 흰꽃을 놓으면 더욱 좋다. 인테리어의 색상은 되도록 따뜻한 색깔이 더 좋다.

그것은 침착함을 안겨주기 때문이다. 그리고 북동 방위의 현관이나, 화장실, 그리고 부엌에는 주로 흰색 타일을 붙이도록 하는 것이 좋다.

또 작은 흰꽃을 장식하면 주인에게 더욱 좋다고 할 수 있다. 남쪽은 그린 색상이 좋으며 조명기구를 더해 밝은 것이 좋다. 그리고 남서쪽에 만일 정원이 있다면 이 정원에는 나무나 꽃 같은 식물을 되도록 많이 심도록 하는 것이 좋다.

이렇게 해놓으면 아무리 어려운 현실이 닥쳐와도 주인인 가장은 끄떡하지 않을 것이며 직장을 잃는 일은 없을 것이고, 장사나 사업도 가정이 화합하니 무난할 것이다.

만약 단독주택이라면 명패는 검정색의 종서글씨로 똑똑하게 적어 붙이는 것이 좋다. 가장의 권위와 힘에 도움이 될 수 있을 것이다. 그리고 이 명패가 밤에 불빛에라도 분명하게 비친다고 하면 주인의 기운이 충만하여 더욱 발전할 수 있을 것이다.

기둥인 가장이 든든해야 가정이 화합하고 화목할 수가 있다.

제 **6** 장

애정운과 풍수

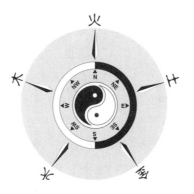

부부의 애정은 욕실의 인테리어에 달려 있다

지난 해였던가 어느 중년 여인으로부터 전화 한 통을 받았다. 지방의 모처에 별장 하나를 짓겠다고 하면서 설계와 방위에 대해 의논하고 싶다는 것이다.

그녀와 만난 곳은 그녀가 살고 있는 곳에서 가까운 서교호텔의 커피숍이었다. 50대 초반으로 보이는 그녀의 우아한 모습과 지적인 미모가 한층 돋보였다.

설계에 관한 의논이 끝나고 헤어지려고 하자 그녀는 집이 여기서 멀지 않다면서 집의 풍수를 봐 달라는 요청에 그녀가 손수 운전하는 승용차에 합승을 해서 댁으로 갔다.

그녀가 살고 있다고 하는 곳은 전직 대통령 두 분이 지금도 살고 계신다는 동네인 연희동. 남편은 일본의 재일거류민단에서 일을 하고 있고 사업장도 일본에 있다고 했다. 이 때문에 남편은 한달이면 보름은 일본에 가 있고 보름은 한국에서 산다고 했다.

그 날 남편은 치과에 가고 없었고 그 큰 집에는 가정부만 있었다. 둘이 함께 들어가자 나를 훔쳐 보는 가정부의 시선이 약간 따가웠다.

아래층 방은 주로 이 집 가정부와 운전수가 사용을 하고, 2층이 이들 부부의 침실이 있는 곳이고 집은 서향집이었다.

이층의 이들 부부 방은 그렇게 화려하지는 않았으나 넓고도 컸다. 동남에는 큰 창문이 있고 아래층에서 보이는 정원이 나무와 꽃으로 잘 가꾸어져 있었다.

이들 내외의 침실은 그린 색상으로 우아한 품위가 느껴져 한층 안온하고도 따뜻하다는 인상을 강하게 받을 수가 있었다.

이 방의 커튼 색상도 방에 잘 어울리게 그린색에 꽃무늬가 박힌 것으로 보기만 해도 우아하고 잘 어울린다는 인상을 받았다. 침대가 단지 동북(東北)에 위치해 있었으므로 북쪽으로 향하도록 지시를 하였다.

남자와 여자의 애정 방위는 북쪽에 속하기 때문이었다. TV와 오디오 그리고 전파를 타는 전화기 같은 장소만 이리저리 옮겨 놓도록 지시하였다. 그리고 서쪽 벽에 정원 풍경의 그림이나 숲의 그림을 걸어두라고 일러두고 방을 나오려던 참이었다.

그런데 침실 왼쪽에 출입문이 또 하나 있어서 무심결에 방인가 싶어서 열어보았더니 방이 아니라 욕실이었다. 창문은 동쪽으로 나있고

넓고 큰직한 욕실은 우유빛과 분홍빛으로 치장되어 있어서 그렇게 화려하고도 우아하기 이를 때가 없었다.

욕조안에 물을 담으면 그 물빛이 파르스름하게 보일 정도로 우아스럽고 당장에 옥빛 물감이 몸에 닿을 것만 같았다.

샤워꼭지나 욕조 물꼭지는 금으로 번쩍 거렸다. 또 가운 걸이며 손잡이 등도 하나 같이 골든 색상으로 한눈에 봐도 눈이 부실 지경이었다. 비누와 샴푸 그리고 화장용 화장품들도 하나 같이 최고급으로 느껴졌으며 여기에서 풍겨나는 향냄새도 은은하였다.

거울 역시 은으로 테두리를 한 최고급품이었다. 이와 같은 욕실은 한 눈에 봐도 이들 부부의 애정을 표시하는 것만 같았다. 이들 부부는 재혼으로 만난지 5~6년 되었다고 했다.

이들 부부의 애정은 한마디로 철철 넘치고 있는 것을 알 수 있었다. 우연의 일치인지는 모르겠으나 이 집의 욕실은 나무랄 것이 하나도 없었다. 그러므로 이 집 가정의 금실은 미루어 본 환경에서 이미 충분히 짐작했을 것이다.

나무랄때 없는 욕실 환경 때문이다. 욕실 내부에는 머리카락 하나라도 떨어져 있으면 곧 눈에 뜨일 정도였으니 얼마나 깨끗하고 청결한가 하는 것은 짐작할 수 있을 것이다.

이 욕실을 확인하고 나오면서 이들 부부의 애정이 더 두텁고 좋아지라는 뜻으로 욕실 출입문 양쪽에 관엽식물이나 붉고 큰 꽃 망우리가 달려 있는 꽃 화병을 항상 놓아서 강한 애정을 뒷받침하도록 하였다.

역시 부부간의 금실은 욕실에 키 포인트가 있는 것이다. 필경 이 부부의 애정은 아무 이상이 없을 것이다.

부부의 애정이 시들었다면 우선 욕실부터 살펴볼 필요가 있을 것이다.

현재 본인이 살고 있는 집은 서울 청량리에 있는 홍릉이라 불리는 곳이다.

산림연구원이 있고 세종관(세종대왕박물관)이 있는 앞이다. 이 앞에는 이화여대로 가는 아현동고개 근처에 웨딩드레스 가게가 즐비하게 있는 것 같이 세종관 앞에도 웨딩드레스 가게가 있다.

원래 이 세종관은 세종대왕을 기리기 위한 기념관이기도 하지만 주말을 이용해 2층에 시민의 편리를 도모한다고 하는 이유로 예식을 할 수 있도록 한 곳이다. 당연히 이 앞에는 여러 개의 웨딩샵이 생겨나게 된 것이다. 봄이 오면서 겨우내 한산하기만 했던 이 웨딩샵들이 이제는 손님들로 붐비고 있다.

결혼 시즌을 맞은 것이다. 인생을 새롭게 출발하려는 새신랑 새신부들이 신랑의 연미복이며 신부의 드레스를 맞추기 위해 찾고 있는 것이다.

이런 젊은 예비부부들의 모습을 지켜 보면서 생각나는 것은 이들 신혼을 앞둔 부부들이 얼마나 깊이있는 사랑과 이해로 인내하면서 살아갈 수 있을까하는 노파심이 없지 않는 것이 사실이다.

오늘날 결혼을 한 부부들이 네 쌍 중 한 쌍은 이혼을 한다는 통계 수치를 보면 이런 우려의 생각도 해 볼 수 있을 것이다.

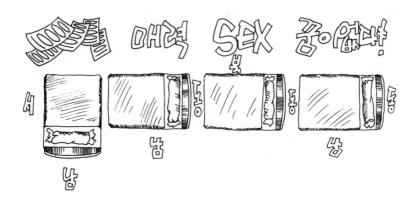

부디 처음 먹은 마음 변치말고 백년해로하여 살아주기를 바라는 심정이 간절해 지는 것이다. 풍수에서는 동남방위가 연(緣)이 깊은 것으로 되어 있다.

연이란 곧 인연을 말하는 것으로 수많은 사람중에 부부로 선택된 인연이라는 것이다. 그러나 이와는 반대로 악연(惡緣)이라고 하는 흉상도 있어서 결혼에 실패하는 경우도 많다.

결혼을 하고 보니 내가 생각하던 배우자가 아니라고 하는 사실을 알게되어 실망과 낙담을 하고 기어코는 이혼을 하게 된다.

이럴 때 부부가 각기 인내심을 발휘하여 처음 만나 결혼을 하던 그 시절의 초발심으로 돌아가 악운을 물리치고 극복을 해야 한다. 대게 부부가 갈라지는 이유는

① 돈 때문에 말다툼이 끊어지지 않는 경우
② 매력을 잃어 존경심을 갖지 못한 경우
③ 섹스에 불만을 느끼는 경우
④ 건강하지 못하고 야심이나 꿈이 없는 경우

부부사이가 원만하지 못한 이유는 이런 사연 때문이다. 이를 극복하기 위해서는

①의 사항이라면 침실에 있어서 서쪽에 침대를 놓고 주로 머리를 남쪽으로 향해 자도록 한다. 이부자리는 노란색, 핑크, 베이지 계통이 좋으며 벽에는 유럽형 거리의 그림을 걸고 노란꽃 장식을 한다.

②의 사항이면 남쪽에 침대를 놓고 동쪽으로 머리를 두고 잔다(중년 이후에는 서쪽에 머리를 둔다)

③의 사항처럼 섹스에 별로 관심이 없고 흥미를 느끼지 못하면 북쪽에 침대를 놓고 동쪽으로 머리를 두고 잔다(중년 이후에는 서쪽으로 둔다)

④의 존경심을 느끼지 못하고 흥미를 잃었을 때는 침대를 남쪽에 두고 머리는 동쪽으로 향해 잔다.

이상과 같은 인테리어로 처음 결혼식할 때의 초발심으로 돌아가 서로가 합심하는 노력이 필요하다. 사람은 모름지기 약속에 대한 책임을 질 줄 알아야 한다. 그러한 노력없이는 아무리 사랑을 한다 하더라도 이 사랑은 사상누각이 된다고 할 수 있다. 또 인내심도 길러야만 한다. 순간을 극복하지 못하고 실망한다면 역시 난파선이 되고 마는 것이다. 부부간의 애정은 동남 방위이므로 집의 중심에서 동남쪽에 대해 철저한 주의가 필요로 하고 화장실과 욕실을 청결하게 하는 것은 물론 집안 전체를 평소 밝게하는 것도 중요하다.

3 남편 바람끼를 잡으려면 북서 방위를 살펴라

아무리 사랑이 두터운 부부라해도 결혼 후 세월이 흐르면 애정이 식어 권태가 오기 마련이다. 처녀 총각때 서로 처음 만나서 알콩달콩 사랑을 나누던 때와는 달라지기 마련이다. 그래서 흔히 남편은 바람을 피우기 시작한다.

이런 사실을 알게 되면 좋아할 아내는 한 사람도 없을 것이다. 사람에 따라 약간씩의 차이는 있겠으나 대부분 누구에게나 바람끼는 있기 마련이다.

여하튼 이 바람만은 막아야 하겠으나 그렇다고 남편을 지나치게 들볶고 못살게 굴면 자칫 남편의 마음을 영영 잃어버리게 될 수도 있게 된다. 바람은 원래 잘난 남자가 하는 것이지 못난 사내란 할 수가 없는 법이다. 그러니 남편이 잘나서 여자가 따른다는 생각으로 위로를 받아야만 한다.

그러나 또 한편으로 생각하면 남편에게 요즘 소홀하지 않았는가 반성을 해 볼 필요가 있다. 남자들은 대게 부인의 내조를 얻지 못할 때는 다른 곳으로 눈을 돌리기가 쉽다.

가족을 부양하기 위해 하루하루를 발에 불이 나도록 뛰어 다녀야만 하는 남편들에게 어찌 고통과 외로움같은 것이 없겠는가.

아내가 이런 마음을 알아 차리고 신경을 쓴다면 구태여 다른 여자에게 눈돌릴 필요는 없을 것이다. 어딘가 외롭고 허전할 때 자연 엉뚱한 곳으로 눈을 돌리게 되는 것이다.

남편이 밖이나 직장에서 무거운 몸으로 돌아오면 주부는 반드시 빈 마음을 채워 주는 것이 좋다. 밝고 명랑한 얼굴로 맞는 일이며 정성들여 만든 음식을 권하면서 그 날에 생긴 이야기를 들어 주거나, 아이가 있으면 가족과 함께 웃음을 즐기는 일, 그리고 침실에서 여인은 매력을 은연중에 과시하는 일 등을 잊어서는 안 된다.

특히 침실의 인테리어는 남편이 알지 못하는 사이에 나타나는 효과가 된다. 그러므로 방위에 어울리게 변화를 주는 것도 한 방편일 수가 있다.

침실에서 남편의 방위는 북서쪽이다.

이 북서의 길상작용은 활동적이 되고, 시행력과 발전성에 혜택이 있고 명예를 얻는 방위로 되어 있다. 그러므로 많은 사람의 위에 서게 되고 지위향상에서 빼놓을 수 없는 중요한 의미를 담고 있다.

이 때문에 움직임이 그치지 않는다라고 하는 의미가 있어서 양연의 혜택을 받는 것으로 되어 있다. 침대를 북서쪽에 두고 자는 것이

좋다. 벽에는 젊은 시절 사랑을 나누던 사진 같은 것이 있으면 확대를 해서 걸어두고 그 아래는 작은 탁자를 놓아 남편이 일상에서 사용하는 팬티, 양말, 손수건 같은 것을 깨끗하게 빨아서 가지런히 차곡차곡 싸 놓도록 한다.

그리고 서쪽에 만일 창문이 있으면 베이지 색이나 아니면 녹색 커튼으로 햇볕을 가리도록 한다. 또 이 방위에 신용카드나 지갑을 두어서 스탠드로 비치면 더욱 좋다. 바람을 피우자면 돈이 자연 낭비되므로 이 지갑을 꼼짝하지 못하게 비추게 하는 것이다.

옷장과 거울을 거는 것도 이 방위에 걸어 두면 좋다고 할 수 있다. 대신에 남서쪽에는 당신의 물건을 놓아 두는 수납 케이스를 두도록 하는 것이 좋을 것이다.

남쪽에 창문이 있다면 창문 아래 양쪽에 관엽식물을 놓도록 한다.

동남쪽에는 당신의 예쁜 모습의 얼굴 사진을 걸어 두는 것도 좋다. 동쪽은 TV, 오디오, 전화기 등을 놓도록 하고 벽에는 시계 등을 걸어 두도록 한다.

이렇게 되면 남편은 생활의 활성화 때문에 저절로 바람을 피울 시간을 얻지 못할 정도로 모든 일에 바빠지게 된다. 이렇게 분홍빛 침실을 꾸미고 남편을 집안에서 편안하고 안락하게 해준다면 남편의 바람끼는 저절로 사라지게 될 것이다.

결국 무엇보다 중요한 것은 부인인 당신의 따뜻하고 포근한 감싸주기가 무엇보다 필요할 것이다. 모든 일의 원인은 "내 탓"에 있으므로 남편의 마음을 사로잡기 위해서는 최선의 노력이 필요할 것이다.

그리고 부부간의 애정도 활성화에 필요로 하는 것이므로 동남 방위에 화사한 꽃 화병들을 장식하는 것도 좋은 일이라고 할 수 있다.

4 애인을 원하면
침실 환경을 고쳐라

세상의 인심이 점차 야박해 가고, 생활경제가 어려워지면 어려워질수록 애인을 만들고 싶어지는 생각이 간절해지기 마련이다.

혼기를 앞둔 처녀 총각은 두말할 여지가 없고 가정을 가진 중년 남녀 역시 남편이나 아내말고 다른 애인이 있었으면 하는 생각을 갖는 이가 많다고 들었다.

이러한 예를 들어서 좋을지 모르겠으나 한때 「묻지마 관광」이라고 하여 서로 모르는 남녀끼리 짝을 지어서 같은 차로 하루 여행을 즐기는 남녀관광이 있었다. 한마디로 관광회사가 만든 아이디어 상품이라 할 수 있다.

가정을 이루고 사는 부부라고 하지만 오래 함께 살다보면 따분하고 권태 아닌 권태로 가끔 새로운 애인이 있다면 하는 생각을 하는 이가 많다고 하는 사실이 어느 신문에 공개된 사례가 있었다. 즉 애인을 원하는 사람들이 의뢰로 많다는 것이었다. 역시 세상은 살아가기에 외로운 것이 아닌가 싶다.

우선 애인을 만들고 싶다면 그런 생각을 머릿속에 떠올리는 것부터가 중요하다. 일종의 원망(怨望)이라고 할 수 있을 것이다. 그러기 위해서는 어떤 사람과 함께 다정히 지낼 수 있었으면 하는 생각을 늘 그려봐야만 한다. 생각이 없는 곳에 이루어지는 법이 없기 때문

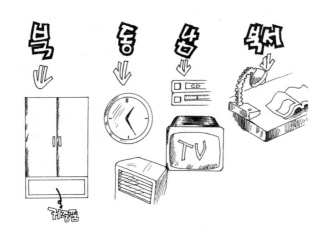

이다. 이렇게 그리워 하다보면 어느새 애인이 나타나기 마련이다.

산부인과병원에서는 종종 있는 일인데 상상임신(想像姙娠)이라고 하는 것이 있다. 아기를 낳지 못하는 여인이 아기를 간절히 원하다보면 어느 날 갑자기 멘스가 뚝 끊어지고 헛구역질이 생기면서 틀림없는 임신증세가 생겨나기 마련이다.

그래서 좋아라하고 병원에 가서 진찰을 받았더니 실망스럽게 임신 아닌 임신이라고 일러준다. 이와 같이 무엇이고 한가지 일에 골똘하게 생각하고 바라다보면 뜻밖에 그 소망이 이루어 질 수도 있다.

이런 소망을 이루기 위해서는 앞에서도 설명한 바와 같이 먼저 소망하는 생각부터 골똘하게 하는 것부터가 중요하다고 할 수 있다. 다시 이런 말을 풀어서 방위부터 살펴야 하고 그 다음은 침실내부 인테리어를 중요시 해야만 한다.

애인을 만드는 방위는 북, 동남, 남, 서쪽의 방위가 포인트라 할 수 있고 침실의 배치와 집기의 배치 역시 중요하다. 장롱 또는 옷장은 북쪽에 놓고 이 서랍 속에는 보석이나 귀금속 등을 간수한다.

다음으로는 동쪽인데 동쪽은 벽에 시계를 걸어서 기운을 힘차게 활성화하도록 한다. 동남은 연애는 물론 결혼운이 가장 강하게 나타나는 곳으로서 만약 창문이 없다면 여기에 에어컨을 놓는 것이 좋다.

바람을 품어낸다는 의미에서 기가 일어난다고 하는 뜻이 된다. 여백이 있으면 벽에 꽃 그림 한 점을 붙이는 것은 더욱 좋을 것이다. 그 다음은 남쪽인데 TV, 라디오, 전축 같은 것이 있으면 이 방위에 놓는다.

그리고 양 옆에 관엽식물을 각기 한 그루씩 놓는다라고 한다면 금상첨화(錦上添花)라 할 수 있을 것이다.

침대는 서쪽으로 놓고 동쪽으로 머리를 두도록 해야 한다. 북서방위에는 책상을 놓고 스탠드를 옆에 놓아 밝히는 것이 좋다고 할 수 있다.

이렇게 하면 내가 바라는 애인이 생기게 된다. 그러나 위에서 잠시 언급한 것 같이 무엇보다 중요시해야 할 것은 애인을 상상하는 일이라 할 수 있다.

"사랑하는 사람이 내 옆에 있다면……"

언제나 이런 원망을 잠시도 잊어버리거나 늦추어서도 안될 것이다. 이것은 인연을 끌어 들이기 위해서 반드시 필요하기 때문이다.

특히 동남은 아름다운 미와 지적 센스가 넘치고 있는 곳이므로 반드시 소망을 이룰 수가 있다. 또 남쪽에 전자 제품과 서쪽에 침대를 놓으면 소망대로 애인이 나타날 것이다. 결혼을 앞둔 총각 처녀들이여, 애인이 없어서 외롭다고 하면방위에 대하여 관심을 가져 볼 필요가 있을 것이다.

그리고 침대 시트에는 흰색에다 굵은 꽃무늬가 그려져 있다면 더욱 강하게 나타날 것이다.

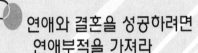

황종찬 박사의
생활
풍수

5
연애와 결혼을 성공하려면
연애부적을 가져라

예를 들어, 내가 누군가를 좋아하게 되었다면 그 사람의 마음 속에 내가 인각(印刻)되어야만 한다. 그뿐만 아니라 상대도 나를 좋아하게 만들어야 한다.

하지만 이런 것은 어디까지나 상대성이라고 하는 것이 있어서 역시 어려운 과제라 할 수 있다. 그러나 풍수에서는 자기자신을 가다듬는 것은 쉬운 일이므로 이 가다듬은 생각을 상대에게 전달할 수만 있다면 그리 어려운 일이 아니다.

여기서 우리가 흔히 미신(迷信)이라고 믿고있는 부적(符籍)이라는 수단에 인접해 보는 방법도 하나의 방편이라 할 수 있다. 기실 이 부적은 미신이 아니라 동양철학에서 파생된 도교(道敎)에서 생긴 것인데 종교적 학문의 일부라 할 수 있다.

요즘 초등학교 앞 문방구 가게에는 부적 장난감이 유행처럼 번지고 있다는 소식을 듣고 있다. 어찌 생각하면 마음을 되잡고 이 어려운 난국의 한 방편으로 신념을 가진다는 의미에서는 괜찮다고 생각할 수 있다.

TV화면 뉴스에서도 이런 사실을 보도하는 것을 보았다. 그런데 이 부적에는 공부 잘하는 부적, 시험을 잘보는 부적, 심지어 짝꿍이 나를 좋아하게 하는 부적 등 여러 가지가 있다고 하니 참으로 놀라운 일이다.

이중에 가장 인기 있는 부적은 뭐니뭐니 해도 역시 자신을 좋아하게 마음을 끄는 연애부적(戀愛符籍)이 가장 잘 팔린다고 하니 놀라운 일이 아닐 수가 없다. 이런 것을 보면 아이들 역시 외로운 심정을 벗어날 수가 없는 모양이다. 결국 인간의 이성이란 자석처럼 서로 끌리는 것이 인간의 본능인가 싶다.

만약 나에게 사랑하는 이성이 있다고 하면 그 사람을 사로잡기 위해서 이 연애부적을 몸에 간직하면 저절로 상대방의 마음을 끌어오는 기상천외라고 할 심리 유인작전이라 할 수 있다. 먼저 한지(白紙)에 검정 먹을 갈아서 정성스럽게 옆의 글귀를 적는다.

언뜻 생각하면 단순하다는 생각이 들겠으나 여기서 가장 유의해야만 할 정성(精誠)의 준비가 필요하다. 이 부적을 쓰기 위해서는 몸을 정갈하고 깨끗하게 해야만 한다. 즉, 몸과 마음 이 두 가지 모두 깨끗이 해야만 하는 것이다. 이 글을 쓰기 전에는 욕실에 들어가 목욕재개를 하는데 되도록 내의와 가운도 흰색으로 택하는 것이 좋다.

그리고 벼루 앞에 앉아서는 잠시 생각하는 사람을 떠올리는 마음으로 "나는 당신을 사랑합니다. 몸과 마음을 다 바쳐 사랑합니다"라고 외운다. 그리고는 붓을 들고는 이 글을 쓰는데 반드시 새벽 2시 ~3시 사이에 이 부적 글을 써야만 한다.

이렇게 쓴 연애 부적을 누구도 몰래 자신의 베개 속에 넣어서 꾀

메어 두도록 한다. 아니면 자신의 지갑 속에 정갈하게 넣어 가지고 다닌다.

이때 가장 중요한 것은 하루에 적어도 3번 이상 그 사람의 얼굴을 떠올리면서 머릿속에 그려야만 한다는 것이다.

밤에 잠자리에 들 때도 필히 그 사람의 얼굴을 떠올리고 잠들어야만 한다. 이렇게 정성을 다하다 보면 어느새 점점 인연이 그 사람 곁으로 다가가게 된다. 세상에 있는 모든 일은 노력을 다하지 않으면 이루어지는 것은 없다.

이 연애부적도 역시 노력과 정성의 일종이라 할 수 있다. 단순하게 부적이라고 생각하고 정성없이 아무렇게나 쓴 부적이라면 효과가 없고, 반드시 목욕재개하고 무릎을 꿇고 오로지 매달리는 마음으로 정성을 들이는 심정에서 이것을 써야만 효과가 있다.

6 사랑의 결실인 결혼이 꼭 이루어지기를 바랄 때

    결혼은 성인 남녀에게 있어서 가정을 이루는 필수적 관문이다. 그런데 요즘 우리 주변에는 혼기를 노친 선남선녀들이 적지 않다.

    물론 옛날에 비한다면 결혼연령이 늦어진 탓도 있겠으나 근래에 와서는 40대 이후의 총각처녀도 많으니 이것은 아예 독신으로 살려는 것인지 아니면 결혼은 해야 하겠는데 상대가 없어서 못하게 되는지 모르겠다.

    오히려 결혼을 못한다고 하는 평이 옳다고 할 수 있을 것이다. 필자 주변에도 결혼을 못한 남녀를 꼽으라면 출판사 L부장, 간호사 Y양, 회사원 E양 등 손꼽아 보면 여럿이 있다.

    이제 가고싶어도 마땅한 상대가 없어서 이루지 못하는 것만 같다. 그러니 지금은 오히려 당황해 하고 초조해 하는 눈빛마저 보여 주고 있다. 그것은 우리 사회가 인성보다는 물질을 더 위주로 하기 때문이 아닌가 싶다.

    개인의 욕심이 극도로 팽배되어 이해부터 앞세우기 때문이다. 어쩌다가 결혼한 부부라 하더라도 이혼하는 경우가 많으니 이는 결혼의 의미가 옛날과는 많이 달라졌다는 것이 원인이라 할 수 있다.

    결혼은 사랑이 우선되야 하는데, 실제 결혼생활에서는 그 본질이 퇴색되어 버리고 만다. 사랑은 주는 것이 원칙인데 받기만을 바라고

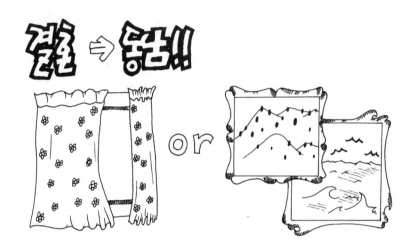

있으니 그럴 수밖에. 좀 괜찮은 신랑이 있다고 하면 학벌을 따지고 직장이며 수입부터 먼저 계산하게 된다.

신부 역시 좋은 규수로 잘 시집을 가는 곳이면 열쇠(키)를 몇 개씩 지참해서 가야만 한다고 하니 사랑의 본질이 달라져도 이만저만 달라진 것이 아니다.

풍수학적 면에서 본다면 결혼에 좋은 운을 안겨주는 방위는 역시 동남 방위라 할 수 있다. 그 다음이 북쪽과 서쪽의 세 방위가 있다. 그러나 아무래도 가장 좋다라고 하는 방위는 역시 동남방이 제일이라 할 수 있다.

만약 당신의 침실이 집의 중심에서 동남에 위치해 있다고 하면 결혼에 그렇게 초조하거나 불안해 할 필요는 없을 것이다.

어떤 사람을 만날 수 있는 방위에 있기 때문이다. 시간이 걸릴지 몰라도 결혼할 파워는 충분하다. 다음은 서쪽과 북쪽이다. 그러나 여기서 가장 중요시해야만 할 일은 음양 관계이다.

음양의 조절이 잘 이루어지지 않고 어느 쪽이 강하고 약해서도 안 된다. 적절한 조절이 꼭 필요하기 때문이다. 이것을 인테리어 상에서 보면 집의 중심에서 보아 침실이 동남쪽에 위치해 있다고 하면 좋은 기운 때문에 결혼에 관하여 염려하고 걱정을 할 필요는 없을 것이다.

여기에 일광인 햇볕이 잘들고 통풍이 잘되는 커튼을 치는데 색상은 베이지색과 녹색, 흰색에 꽃무늬가 들어 있는 천이라고 하면 더욱 좋은 상대를 만날 수 있다.

그러나 만약 창문이 없다면 대신에 산뜻한 바다나 산이 그려진 풍경화 정도를 걸어두면 좋고 이와 유사한 포스터 그림도 무난하다고 할 수 있다.

여기서 특별히 유의해야만 할 일은 북쪽 벽에 그림 혹은 남녀 배우사진 같은 포스터는 절대로 부쳐서는 않된다. 혹시 현재 교재를 하고 있는 사람과 꼭 결혼을 하고 싶다면 그 사람에게서 온 편지나 아니면 받은 선물을 책상서랍에 고이 간직해 두는 것도 좋다.

또한 상대가 이쪽 마음은 아랑곳하지 않고 있다고 하면 손수 자필로 마음을 담은 편지로 고백하는 글을 써서 책상서랍에 넣어두면 상대의 마음을 움직이게 하는 것은 물론 결혼을 성사시킬 수가 있다.

침실의 분위기는 가급적이면 바닥은 모노톱보다는 붉거나 아니면 분홍빛이 나는 카페트를 까는 것이 좋다. 침실의 천장 역시 핑크나 베이지계통의 색상이라면 더 좋다고 할 수 있다.

조명은 북쪽과 서쪽에 달아두면 훨씬 파워를 높일 수가 있다. 이런 인테리어를 한다고 하면 반드시 당신의 소망대로 결혼이 성사될 수 있을 것이다. 결혼에 강한 운은 역시 동남이라 할 수 있다.

7

짝사랑을 성공하려면
방위 파워를 높여야만 한다

　실내 인테리어로 사랑하는 사람의 감정을 움직이게 할 수가 있고
사로잡을 수가 있다.

　사랑인 연애의 감정은 양쪽이 다 좋아야만 하는데 그렇지 못할 경
우가 적지 않다. 그것은 사랑이란 감정은 인위적으로 하기 어려운
감정의 하나이기 때문에 그렇다고 할 수 있다.

　자신은 죽도록 그 사람이 좋은데도 그 사람은 나의 마음을 알아주
지 않거나 무관심하고 있을 때 자연 가슴이 타기 마련이다. 이것이
짝사랑인 것이다. 이런 짝사랑의 시간이 길면 길어질수록 괴로운 고
통이 과중되어 끝내는 건강을 잃고 자리에 눕거나 일어나지 못하게
되기도 한다.

　이런 것을 가지고 옛 사람들은 상사병(相思病)이라 했는데 무서운
병의 하나다. 이런 병은 백약이 무효라는 말도 있지만 원인이 해소
되지 않고는 회복될 수 없는 병인 것이다. 그래서 결국은 정신병원
신세를 지게되지만 이는 감정의 장난이므로 목적이 이루어졌을 때만
회복이 가능하다.

　이같은 원인의 해소를 위해서는 어떻게든 상대의 마음을 사로잡는
길 밖에 없다. 이럴 때는 풍수에 있어서는 현관문이나 아니면 침실
문의 방위가 대단히 중요시 된다.

침실문이 북쪽에 위치해 있으면,

북쪽은 어디까지나 방위적으로 문력(文力)의 파워가 강한 곳이다. 그러므로 문장의 힘으로 상대의 마음을 끌어 들여야만 한다. 문학적 소질을 이용하여 자신의 감정을 강하게 전달하면 좋은 효과를 얻을 수 있다. 이 사랑을 전달하기 위한 수단으로는 근래와서는 컴퓨터가 많이 이용되기는 하지만 이 컴퓨터보다는 직접 내 손으로 적는 편지가 좋다. 북쪽의 방위는 5행상 水에 해당이 되고 水은 다시 水인 물과 연관이 깊은 곳이므로 편지 용지나 내용면에 있어서 물과 연관된 그림이나 아니면 문장단어 역시 물에 대한 글을 적으면 상대의 감정을 움직일 수가 있다. 한마디로 자연에 대한 글로서 감정을 사로잡으라는 것이다.

침실문이 남쪽에 위치해 있으면

방안에 작은 어항을 들여 놓거나 아니면 출입문 양쪽에 관엽식물 화분을 놓는 것이 좋다. 특히 관엽식물은 남쪽 힘을 상승시켜 주는

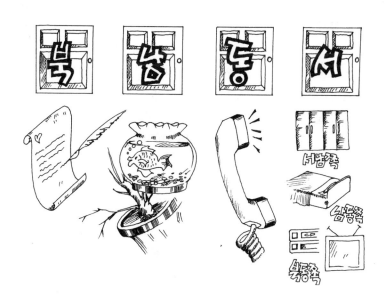

것이므로 자신의 사랑운을 활발하게 활성시켜 줄뿐만 아니라 유리하게 사랑이 작용할 수 있다. 침대는 북쪽으로 향하도록 하고 침대머리는 서쪽으로 향하게 하면 감정을 얻을 수가 있다. 침대 시트는 꽃무늬가 들어 있는 것으로 택하고 화장대 또는 책상은 강하게 사랑운을 파워시켜 줄 수 있도록 북서쪽에 놓는 것이 좋다.

침실문이 동쪽에 위치해 있으면

동쪽은 소리, 음악 외에도 활기찬 원기의 의미가 깊이 담겨 있는 방위이므로 짝사랑을 하고 있는 연인에게 전화를 걸때는 밝고 명랑하며 유쾌한 목소리를 들려 주어야만 한다. 특히 사랑을 고백할 때는 밝은 목소리를 들려주어서 상대방의 감정을 황홀하게 사로 잡아야만 한다. 이렇게 해야만 감정을 사로 잡을 수가 있고 성공할 수 있다.

침실문이 서쪽에 위치해 있으면,

방안의 옷장은 되도록 서남쪽으로 배치를 하며 침대는 남동쪽으로 놓은 것이 사랑의 운세를 고조할 수 있다. 침대 시트 색깔은 흰색, 분홍색, 녹색으로 하되 꽃 무늬가 들어 있는 것이 좋다. 창문에는 엷은 미색 커튼을 치면 좋은데 이는 상대편 부모의 관심을 불러 일으킬 수가 있기 때문이다. 이외 TV, 오디오 같은 것은 북동쪽에 배치를 하면 짝사랑에 빠진 당신의 마음을 알고 관심을 돌려주게 될 것이다. 사랑을 성공시키는 계기는 어디까지나 방위에 따르는 파워에 달려있다. 이 파워를 높여주면 상대의 마음을 사로잡을 수 있을 것이다.

8

기다리는 아기를
얻을 수가 있다

경주에 가면 신라 제42대 홍덕왕릉이 있다. 능꼴이라는 작은 마을인데 안강읍 육통리라는 곳에 있다. 이 능역에는 석인(石人)이 있으며 봉분 주변에는 13지상과 호석도 있다.

홍덕왕은 제위 첫해에 사랑하는 왕비 장화부인을 잃었다. 이 때 왕은 너무도 슬퍼서 여러날 식음을 전폐하고 정사도 여러달 보지 않았다고 한다. 신라의 역대 임금님 중에서 가장 부부애가 두터웠다고 하며 금실좋기로 소문이 나 있었다고 한다.

이 능 앞에는 상석이 있는데 반들반들하게 닳아 있다. 그리고 주변에 서 있는 석상에는 코가 많이 훼손되어 있다. 그 이유인즉 아이를 낳지 못한 여인들이 이 석인의 돌코를 뜯어다 석상 위에서 갈아서 먹으면 아이를 낳는다라는 전설이 전해 내려오고 있기 때문이다.

이렇게 지금도 아기를 바라고 아들딸을 가려 낳기 위해 애를 쓰는 가정이 많다. 21세기에 들어와 시험관 복제아기의 탄생 소식이 분분하고 있는 때이지만 아직도 남녀를 구분하여 아들딸을 가려 낳는다고 하는 일은 그리 쉬운일 만은 아닌듯하다.

그러나 풍수에 있어서는 오래전부터 이 기를 이용하여 아들딸을 얻는 방법이 전해지고 있다. 만약 지금도 아기를 얻고자 하는 가정이 있다면 한번쯤 실행해 볼 필요가 있을 것이다.

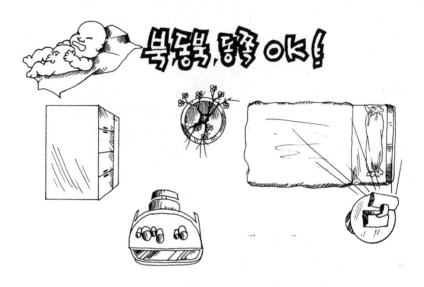

　만약 사내아이를 얻고자 한다면 북쪽, 동북쪽, 동쪽의 3방위에 집중적으로 정성과 관심을 쏟을 필요가 있다.

　침실이 집의 중심에서 북쪽, 동북쪽, 동쪽의 3방위에 있어야만 하는 것이 첫째 조건이라 할 수 있다. 북쪽은 5행상 수(水)에 해당되고 인체로는 신장 혹은 생식기에 해당이 된다. 동북은 계절로 치면 봄에 해당이 되고, 강정에서는 남아 혹은 토(土)에 해당이 되며, 동쪽은 인체에 있어서 강장에 속하며 가정에 있어서는 장남의 위치에 속한다.

　뿐만 아니라 자연의 현상은 뢰(雷)에 해당하므로 천지 뇌동하는 일이 생긴다. 그러므로 이 3방위에서 해당 기를 얻으면 바라는 아들을 얻을 수가 있다. 방의 전체 인테리어로서는 바닥은 목재가 가장 적합하며 이상적이다. 벽, 천장 등은 엷은 색상이 좋으며 창문 커튼은 꽃 무늬가 있는 것이 좋다고 할 수 있다.

　그리고 방의 북쪽, 동북, 동쪽에 침대나 TV 오디오 등을 놓는다. 벽면에는 잘 생긴 남자아이 그림이나 포스터 같은 것을 붙여 놓으면 이상적이라 할 수 있다. 일반적으로 침대는 동쪽에 놓고 머리를 둔다. 동쪽의 기운은 활력, 발생, 근면, 성장과 같은 뜻이 담겨져 있기 때문이다.

침대 옆에는 스탠드를 놓아 불을 켜 양기를 흡수하도록 한다. 소지품을 저장시키는 옷장은 서쪽에 위치시킨다. 화장대는 남쪽에 두고 방가운데는 황색 열매가 맺는 나무나 노란 꽃 화분을 놓으면 더욱 좋다.

반대로 여아를 얻고 싶다면 침실을 꾸미는데 있어서 서쪽, 남서쪽, 동남쪽이 해당된다. 방위로 서쪽은 여아이며, 남서 방위는 황색, 5행으로는 토에 해당되며 동남은 목에 해당이 되며 나뭇잎이 농짙게 무성하다.

벽에는 귀여운 여자 아이의 사진이나 포스터를 붙이는 것이 좋다. 침대는 남향에 위치시킨다. 특히 동남방은 연(緣)이 많다고 할 수 있는 방위이므로 이렇게 하면 딸을 얻을 가능성이 높다.

그리고 아들딸 남녀를 불문하고 방안은 통풍이 잘 되어야만 하고 사랑을 위해서는 분위기는 핑크빛으로 이루어져야만 한다.

자식을 점지 받기 위해서는 백일기도며 천일기도를 드리는 치성을 들인다고 한다. 또 석상의 코를 쪼아서 그 돌가루까지 갈아 먹는다고 한다.

이런 치성이나 노력이라면 하늘도 감동시키고 남을 것이다. 무엇이고 목적달성을 위해 정성을 다한다는 것이 소중하다.

자식을 점지 받지 못한 부부라면 이런 정도는 한번쯤 노력해 볼만한 일이 아닌가 싶다. 기운이 있는 곳에서는 반드시 좋은 소식을 얻을 수 있을 것이다.

매력있는 아름다움을
오래 간직하려면

　우리 동네 청량리에는 홍능으로 잘못 알려져 있는 영휘능과 숭인
능의 문화재가 있는데 계절따라 여기를 찾는 이가 많다. 이 안에는
각종 꽃과 나무들이 있어서 경관이 아주 좋기 때문이다.

　결혼 시즌이 돌아오면 새로 결혼을 하는 신혼부부들이 이 안에서
드레스와 예복차림을 하고 자주 사진촬영을 하는 모습을 보게 된다.

　어째서 저렇게 고와 보이고 아름다워 보이는 아내들이 몇년 못가
서 싫증을 느끼게 되는 것일까? 이는 아름다움을 지속시키지 못하고
매력을 잃었기 때문이다.

　얼굴 모습도 모습이지만 생활에 쪼들리고 시들다보면 영락없는 부
엌때기가 되기 때문이다. 아내는 아내대로 불만이 많다. 한 때는 백
년이고 천년이고 시들지 않을 듯하던 남편의 사랑도 어느새 시들해
지기 마련이기 때문이다.

　그리고 술에 취해 곤드레가 되어 돌아오는 남편이 지겨워지기까지
한다. 이래서 아내는 점점 멀어지게 되는 것이다.

　하지만 여성은 가정에 있어서 언제나 아름다움과 매력이 있는 에
너지가 되어야만 한다. 주부는 가정에서 행운의 원천이 되어야만 하
기 때문이다. 집에서 주부가 어느때나 상큼하고도 멋진 애인으로 남
아있자면 주방과 현관 그리고 침실의 이 세곳이 위주가 되어야만 한

다.

현관은 좋은 기가 들어오는 통로이고 주방은 주부의 일터이다. 그리고 또 침실은 주부에게 있어서는 영원하게 아름다움을 간직하게 하는 곳이다.

그런데 어느 사이 이 현관을 방치하여 오염되게 하고 있다. 주방도 깨끗하지 못하고 너절하고 어지럽다. 침실 역시 매력이 넘쳐야만 하는데 이것을 잃는다면 주부에게 있어서는 생명을 잃은 것과 다를 바가 없다.

무엇보다 현관은 가족은 물론 다른 사람들이 드나드는 곳이므로 행운이 들고 나는 곳이라고 해도 별로 틀린 말은 아닐 것이다. 그뿐만 아니라 주방은 주부의 성이라 해도 좋을 만한 여성만의 아성이다. 가스렌지와 싱크대, 조리대 같은 곳은 항상 청결해야만 하는 곳인데 여기가 오염되면 주부의 매력을 잃게 된다.

특히 렌지는 불이 있는 곳이므로 그을음이 많이 생기는 곳이다. 그렇게 되면 불길처럼 다툼이 잦아지게 된다. 싱크대도 오물이 쌓이는 곳인데 이렇게 쌓여 있으면 신체에 있어서는 변비가 있기 마련이다.

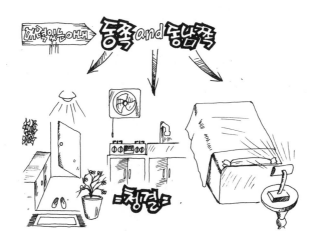

결국 얼굴이나 피부가 거칠어지고 아름다운 모습은 저절로 시들게 된다. 현관문이 집의 위치에서 동쪽이나 동남쪽이면 가장 좋다. 아름다운 기를 가장 많이 받아들일 수 있기 때문이다.

이 현관에 분홍이나 붉은 꽃을 장식해 두면 더욱 좋다고 할 수 있다. 그리고 현관은 밝아야만 하므로 하루종일 현관등은 켜 놓는 것이 좋다고 할 수 있다. 주방 역시 동쪽이나 동남쪽에 자리하고 있어여기에 창문이 있다면 이 창문으로 들어오는 기를 받을 수가 있으니이상적이라 할 수 있다.

이 방위는 또 악취가 있으면 대단히 싫어하는 곳으로 쓰레기나 싱크대 아래 오물이 쌓이지 않도록 한다. 악취가 안나도록 하기 위해서는 환풍기를 항상 돌리는 것이 좋다.

렌지에 묻은 기름때도 늘 말끔히 닦도록 한다. 침실은 한마디로핑크 분홍빛이 철철 넘치도록 인테리어를 할 필요가 있다. 그리고침대는 동쪽이나 동남쪽으로 향해 놓도록 한다. 머리맡에는 스텐드를놓도록 한다.

주부가 남편에게 늙어 보이지않고 아름답다는 칭찬을 잃지않게 하려면 현관, 주방, 침실의 세 곳은 항상 청결하고 정돈되어 있어야만한다. 그리고 동쪽과 동남쪽의 기운을 높이기 위해서는 여기에 관엽식물들을 항상 두는 것이 좋은 방편이라 할 수 있다. 벽에는 꽃 그림이나 남국을 연상하게 하는 사진 그리고 일정표 같은 것을 걸어두면 싱싱한 매력이 그대로 잘 보존될 수 있다.

주부의 아름다움이 지켜지는 곳은 역시 동쪽과 동남 방위라 할 수있다.

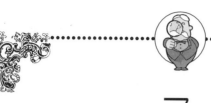

제 **7** 장

공부운과 풍수

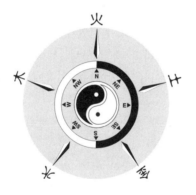

황종찬 박사의
생
활
풍
수

대학에 합격하려면
이런 위치에서 공부하자

뭐니뭐니해도 수능이나 대학 입시를 목전에 둔 학생 방의 위치는 역시 북쪽이다. 쑥쑥 활발하고 원기있기만 바란다면 동쪽이나 동북쪽이 제일 좋고, 여학생이라고 하면 동남, 남쪽이 좋다.

그러나 시험이 목전이나 코앞에 둔 입장에서는 성적을 올리기 위해서는 역시 총정리 복습이 필요할 것이다. 그러기 위해서는 가장 공부가 잘되고 머릿속에 잘 남도록 하는 방위는 북쪽이 풍수학적으로 가장 이상적이라 본다.

책상은 중심에서 가장 정확한 북쪽 위치에 놓도록 하는 것이 제일 좋다. 즉, 수험생이 대학 합격을 위해 책상위치를 잡을때는 「북쪽을 향해 공부를 하는 것」이 가장 좋은 방위이다.

그런데 여기서 재수생이나 혹은 수험생이 이번에 마음먹은 대학에 꼭 합격을 하고 싶다면 단기간 성적을 올리는 개운법이 없을까하고 질문해 오는 이가 많이 있다. 솔직하게 말해서 그런 방법은 있다.

그렇다면 그 방위는 뭐며 어떻게 하면 합격의 영광을 얻을 수 있을 것인가? 궁금하게 여기지 않을 사람이 없을 것이다. 「특종 개운법」이라 할 수 있으니 꼭 한번쯤 실행해 보기 바란다.

우선 책상을 북쪽에 놓기는 놓는데 방문이 보이는 위치에서 수험생의 책상과 의자를 놓도록 한다. 공부방을 되도록 넓게 사용하기 위해서 책상을 벽면 앞쪽에 붙이고 학생이 앉는 쪽은 방의 중심을 향해 앉도록 한다(하기는 일반적 가정 대부분은 이렇게 놓여 있다).

문제는 여기서 알아야만 할 점은 이렇게되면 앉은자리에서 방문은 자연 뒤쪽이 된다. 이것을 유지하도록 해야만 한다. 그러면 뒤에서 방문을 열고 누가 들어와도 정면으로 얼굴이 마주하지 않게 된다.

방안으로 들어가는 사람 쪽에서 보면 학생이 공부를 어떻게 하고 있는가를 한눈에 알아 볼 수가 없다. 열심히 공부에 정신을 쏟고 있는지 아니면 졸고 있는지 알 수가 없다라는 것이다.

이럴 때는 공부가 잘되지 않아서 정신이 집중되지 않는 일이 많게 된다. 왜냐하면 대개 수험생들은 헛된 망상이 자연 창궐하기가 쉽기 때문에 그렇다.

책을 보면서도 학교에서 생긴 일이며 친구들 생각을 하게 되고 하품만 생기고 졸음이 몰려온다. 다시 말하자면 학습에 대한 집중이 안되고 나태가 가득하기 마련인 것이다. 이런 것을 경계하지 않으면 안 된다. 무엇보다 학습능률을 향상시킨다라고 하는 것은 긴장 속에

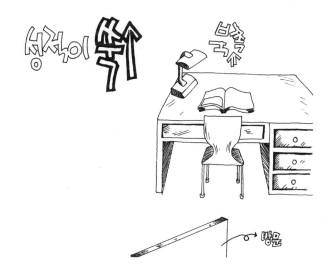

서 자신의 감정을 조절할 수 있으면서 집중된 공부가 머릿속에 쏙쏙 들어 박혀야만 하기 때문이다.

이런 환경이라야만 능률이 오를 수가 있을 것이다. 다시 말해서 누군가가 내 공부상태를 점검하기 위해 들어 닥칠 것이다라는 긴장이 수반되어야만 한다. 이런 탄력이 반드시 필요하다. 그러니 수험생 방을 배정할 때는 심신을 어느 정도 가라앉히면서 정신을 집중하도록 돕는 북 방위나, 북동 방위의 힘을 받을 수가 있어야만 한다. 다시 말하면 두 개의 방위 중에서 어느 방위를 택해서 자리를 정해야만 한다.

마지막으로 실내 장식이나 가구 등의 색상은 화려하거나 아니면 어두워서도 안되고 어디까지나 차분하고 평온한 색상이라야만 할 것이다.

그러나 명심해야만 할 일은 이렇게 실내 배치는 1~2년 정도의 단기간이라고 생각을 해야만 하지 오랫동안 그 자리에서 하는 공부라고 하면 역시 효과가 없을 것이다.

이것은 그대로 장시간 방치한 그 자리에서 공부를 한다는 것은 타성에 젖게 되고 정신적으로 피로가 쌓이게 되어 그 공부가 그 공부여서 성적이 오르지 않을뿐 아니라 악영향을 미치게 되는 것이 될 수 있기 때문이다. 그러므로 이 방법은 시험을 앞두고 단기간만 해야 할 것이다.

공부란 너무 않해서는 안 되고 그렇다고 지나치게 잡념이 머리 속에 들어왔어도 공부가 되지 않는다. 언제나 내 곁에 감시자가 있고 언제 부모가 방에 들어 닥칠지 모른다는 긴장감으로 탄력성있게 정신이 깨어 있어야만 능률이 오르는 것이 될 수 있을 것이다. 그래서 언제나 비스듬히 앉아야만 한다. 이것이 가장 중요하다. 무감해 볼 수 없어도 그렇다고 놀라서도 안되기 때문이다.

2 엿은 합격의 열쇠가 될 수 있다

대학수능시험을 앞둔 학생들은 날짜가 다가올수록 점차 불안함을 금할 수 없을 것이다.

인생의 진로가 달라지기 때문이다.

이런 심리를 이용하여 약삭빠른 상혼들이 별의별 선물을 시중에 내 놓으면서 교묘히 학생과 학부모의 주머니를 노린다고 한다. 과연 이런 선물이 "합격"에 도움이 될 수 있을지 한번쯤 짚고 넘어갈 필요가 있을 것이다.

상혼들은 그들 나름대로 의미를 부여하고 있으나 과연 얼마만한 실질적 효과가 있는가는 두고 볼 일이라 하겠다. 시험당일 엿을 먹거나 아니면 친구나 학부모가 시험장 입구에 붙여주면서 합격하기를 기원한다. 그러나 이런 구태의연한 방법들의 우리내 사고도 단순하게 미신으로 흘려버릴 전혀 근거가 없는 이야기는 아니다.

한방의학에서는 이 엿을 교이(膠飴)라 하는데 그 원료가 쌀과 엿기름으로 만들어져 있다. 쌀과 엿기름은 대지의 영양분을 흠뻑 받아먹고 자란 에너지라 할 수 있다.

맥아는 엿기름인데 그 원료가 보리눈을 태운 이삭이다. 이러한 보리눈의 생성은 대지 자연의 원동력이라 할 수 있다. 풍수에 있어서 「식품개운」이라 하는 것이 있다. 우리가 취하는 음식에도 개운과 흉

운이 따른다는 것이다.

그리고 또 식품개운 중에서도 「색상풍수」라는 것도 있다. 5색(검정, 초록, 노랑, 빨강, 백색)이 고루 배합된 식품을 먹어야만 건강하고 행운이 따르는 것으로 되어 있다. 그래서 식품영양학적으로 해석을 하면 영양식이자 피로회복식이 되는 것이다.

이 엿의 성분을 분석해 보면 맥아당이 7%, 호당 15%, 단백질 6%, 수분 15%로 이루어져 있으며 질병치료에는 산모의 젖이 안나올때와 피부병 등 주로 음허증의 약재로 사용되고 있다. 음기와 양기는 풍수에 있어서는 밸런스를 맞추어야만 그 기가 절정에 살아난다고 보고 있다.

그러므로 음허증을 돕는 것이 바로 이 엿인 것이다. 그 효과를 두고도 「급박 완화」라 하는데 그 의미는 진정과 편함이다.

또 머릿속이 맑아진다고 하는 뜻도 들어 있다. 수능시험을 보러 가는 학생이라면 아침에 오색찬의 식사를 가볍게 하고 이 엿을 2, 3회 정도 시험직전까지 먹고 들어가면 좋다고 할 수 있다.

남자고교 응시생이라면 동쪽을 향해 먹는 것이 좋고 여학생이라고 한다면 동남쪽을 향해서 먹는 것이 좋다. 시험당일 아침 식사는 포만감(배부르도록)있게 먹어서도 안 되고 그렇다고 시간이 급박하고 입맛이 없다고 하여 전혀 먹지 않고 가서는 안 된다.

　가벼울 정도로 식사를 하고 엿을 시험 전에 15g~20g 2시간 간격으로 1~2회 먹으면 이상적이다. 수능시험의 합격은 자신의 몸에 평소 축적되어 있는 기와 새롭게 받아들여진 에너지의 결합이 관건이 된다.

　즉, 다시 말하면 음과 양의 밸런스가 이루어질 때 가장 두뇌가 활성화되기 때문인 것이다. 지금까지 우리가 아는 "엿"에 대한 이미지는 붙는다라고 하는 형이상학적 의미를 붙였다고 할 수 있겠으나 그런 의미보다는 풍수에 있어서는 시험장에서 컨디션 조절이 좋은 성적 여부를 결정짓는다고 해석하고 있는 것이다.

　그런 의미에서 본다면 좋은 에너지원이라고 단언 할 수가 있다. 그러므로 엿은 시험당일 에너지의 역할을 해서 좋은 성적효과를 올릴 수 있다.

　음기를 누르는 양기 때문에 머릿속이 최상의 맑은 정신을 창출해 낼 수 있다고 할 수 있다. 수능시험 당일 아침은 오색이 든 반찬으로 가볍게 식사를 하고 필히 이 엿을 먹고 집을 떠나는 것이 좋다. 그리고 시험장에 들어가서도 아직 시험이 시작되지 않았으면 한 번쯤 다시 엿을 먹는 것이 좋다고 할 수 있다.

　엿은 대지에서 생성시킨 자양분이라고 할 기를 고스란히 담고 있

는 에너지이니 그런 에너지를 가지고 시험을 치른다고 하면 다른 때보다 더 많은 기운이 함께 하게 되어 시험도 쉽게 풀게 될 것이며 합격도 무난할 것이다.

또 시험당일 학생 이상으로 초조해진 학부모님이라면 염원을 담은 기도하는 심정으로 교문의 기둥에 엿을 붙인다고 하는 것은 부모가 가진 기를 자식에게 함께 실어 준다고 하는 뜻도 될 것이니 나쁠 것은 없을 것이다. 다만 학생의 문창방을 택해서 엿을 붙이는 것이 좋다고 할 수가 있다.

수능장의 입구인 교문은 일반 가정에서 대문을 중요시하는 것 같이 양택삼요의 하나이기 때문이다. 기의 유입구는 필이 이 문을 통하여 유입되어 시험을 치르는 학생에게까지 전달된다.

3 시험 행운을 부르는 부적

부처님 말씀에 이런 말이 있다. "중생이 앓으면 부처도 앓는다"라고 하는 말이다. 이것을 속가에서 하는 말로 인용을 해보면 "자식이 앓으면 부모도 따라 앓는다"로 고쳐 말할 수 있을 것이다.

수험생들은 입시철이 다가오면 자연 불안하고 초조하기 마련이다.

부모의 마음 역시 위에서 말했듯이 자식의 마음과 같기 때문이다. 그래서 "자식이 앓으면 부모도 앓는다"는 말은 타당하다고 할 수가 있는 것이다.

그러기에 부모는 자식이 밥맛을 잃으면 함께 잃게되고, 어떻게든 이 고비를 넘기려고 내 자신이 할 수 있는 일이라면 무엇이든 다해 보려고 한다. 이것이 부모의 마음이다. 그래서 절에도 가보고, 산천에도 가보며 철야기도도 한다. 또 시험날은 합격을 빌며 엿을 교문 밖에 붙이기까지 한다.

2, 3년전 필자는 친구 모친께서 구순에 가까운 연세에도 살아계시다는 말을 듣고 오래간만에 부산에 내려간 김에 찾아 뵙기로 하였다.

하룻밤을 어머니와 다를바 없는 친구의 어머니와 같이 자고 헤어졌는데, 헤어질 때 이 모친이 내게 골무같은 작은 헝겁에다 무엇을 싸서 내 손에 슬며시 쥐어 주시면서 하시는 말씀이 언제든지 몸에 간직해 다녀야 한다고 당부를 하는 것이었다.

궁금하여 이 속에 뭐가 들어 있느냐고 여쭈어보았으나 어머니는 이 질문을 피하셨다. 지금도 이것을 양복주머니 속에 넣어 다니고 있기는 하지만 이것이 은행 두 알이라는 것을 뒤에 알았다.

이 은행 알을 몸에 지니고 다니면 혈압으로 고생하지 않고 심장병에 이상이 없을 것이라는 믿음에서 건강을 염려한 나머지 이것을 선물로 준 것이다. 따지고 보면 근거는 있다. 은행잎이나 은행 속에 들어있는 "징코민"이라는 약제가 내부 순환계에 좋기 때문이다.

그런 은행을 50살도 훨씬 넘은 아들친구인 내게 행여나 건강을 해칠세라 염려하여 손에 쥐여주신 것이다. 이것은 어머니가 아들친구의 건강을 바라는 진심 어린 성원이 담긴 것이다.

그렇게 늙으신 어머니께서 빌어주신 그 정성에는 효과가 있고 없고가 아니라 염원의 기가 듬뿍 담겨져 있을 것이다. 그래서 그런지 이것을 양복 속에 넣고 다니는 필자의 건강에는 지금까지 이상이 없다. 우리에게 언제나 아들딸이 잘 되기만을 바라는 염원기는 자식인 내게 함께 하고 있다.

아들딸의 합격을 기원하는 정성의 염원, 염력 이것이 학교 문앞에 붙이는 엿의 힘이 아니고 무엇이겠는가. 이것을 우리는 미신이라고

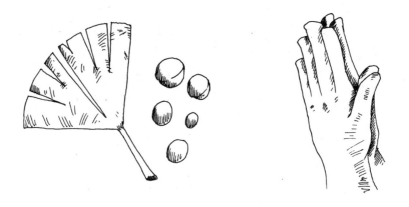

불러도 좋다. 하지만 정성이 담긴 염력이 담겨 있다고 하는 것만은 의심의 여지가 없을 것이다.

간혹 옛날 어머니들은 아들이 시험을 치르러 나가는 전날밤 잠을 주무시지 않고 아들의 옷 서랍을 뜯어 무엇을 몰래 넣어 꼬깃꼬깃 기워 넣기도 하고, 머리맡 베갯 속에도 넣어 베고 자게 하셨다.

이런 염원과 염력이 함께 한다면 어떻게 힘이 나지 않겠는가. 필히 합격하고도 남을 것이다. 그래서 속는셈 치고 한번 옆과 같은 부적을 써서 몸에 지니고 시험장에 들어가게 한다면 어떨까 싶다. 정갈한 한지에 붉은 물감의 글로 옆과 같이 적어본다.

앞 면　　　뒷 면

이것을 작은 한지봉투에 담아 지갑이나 가방에 넣고 들어가 시험을 치르면 글을 쓴 어머니의 염력기와 함께 할 것이므로 당연히 좋은 점수를 얻을 것이다.

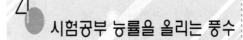

4 시험공부 능률을 올리는 풍수

자신이 목적한 대학이나 과에 합격을 하는 영광을 얻자면 아무래도 시험의 성적이 잘 나와야 하는 것만은 틀림이 없을 것이다. 그러기 위해서는 수능시험의 점수부터 잘 받도록 하는 것이 고3 수험생들의 목표가 될 수 있을 것이다.

시험을 앞둔 학생이라면 풍수적으로 어떤 환경에서 공부를 하면 좀더 좋은 성적을 올릴 수 있을까 하는 것이 누구나 고민이 될 수 있을 것이다. 그러기 위해서는 집에서 공부하고 있는 방의 환경부터 살필 필요가 있을 것이다.

그러므로 성적향상의 방위는 대체로 방의 입구라 할 중심에서 북, 동, 남, 동북, 동남 방향 등으로 구분할 수 있다. 동쪽 방위는 아무래도 초등학교 학생이 공부를 하면 좋을 것이고, 남쪽은 중학생, 동남은 여학생, 북쪽이나 동북은 수능이나 입사·승진의 시험공부를 하는 이에게 좋다고 할 수 있다.

공부방이라 할 서재가 따로 있고, 침실방이 따로 있다고 하면 가장 이상적이지만 대부분은 아마 이런 환경까지는 미치지 못할 것이다.

공부방하면 대부분 침실과 공부를 함께 겸한 그런 방이 보편적일 것이다.

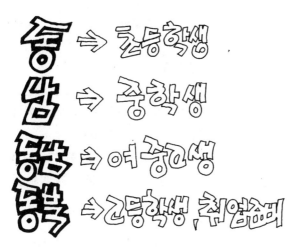

동쪽이 초등학교 학생들 방으로 좋다고 하는 것은 솟아오르는 태양빛과 같은 동방위의 기를 듬뿍 받아들일 수 있기 때문이다.

그리고 남쪽은 가장 활발하게 뛰고 공부할 중학생들에게 좋다고 하는 것은 남쪽의 기가 가장 활발하게 작용하기 때문일 것이고, 동남쪽이 여중고생에게 좋다고 하는 것은 양, 음기를 적절하게 컨트롤할 수 있는 방위이기에 좋다고 할 수 있다.

고등학생이나 수능시험을 앞둔 학생 또는 입시 · 진급 · 취직같은 시험을 치르기 위해 공부를 하는 사람이라면 두말 없이 가장 아늑하고 조용하다고 할 분위기에서 공부를 해야만 공부가 잘 될 것이고 또한 성적이 오를 것이다.

책상은 어디까지나 북향에 놓고 공부를 하는 것이 가장 좋으며, 책상의 색상은 원목색 그대로이거나 아니면 베이지색 같은 것이 눈에 피로를 덜 받게하고 가장 많은 에너지를 받을 수가 있을 것이다.

학생들 방에 들어가 보면 벽에 격문이나 예정표 같은 것을 책상머리 벽에 붙여 놓는 수가 많으나 이런 것은 머리를 어지럽게 할 우려가 있으므로 피하는 것이 좋다고 할 수 있다.

그리고 방 내부는 되도록이면 자연을 소재로한 인테리어가 시험을 앞둔 방으로는 가장 적격이라 할 수 있다. 창문은 가급적이면 벽색과 같은 색상의 커튼을 사용하는 것이 좋다.

조명으로는 천장에 형광등 1, 책상 위에 스탠드 1 정도면 충분하다고 할 수 있다. 만약 방안에 침대가 있다면 매트는 너무 크거나 작아서도 안 되고 가장 알맞은 침상이라야만 할 것이다.

침대의 위치도 방의 동, 동남, 남쪽을 향하여 놓도록 해야만 하고 머리는 동쪽을 향해 자도록 하는 것이 좋다. 아무래도 침착하지 못한 성격의 아이라고 한다면 매트를 서쪽으로 두도록하고 머리는 북쪽으로 향해서 자도록 해야만 한다.

공부를 열심히 하는데도 불구하고 그 효과가 없다고 느낀다면 책상을 방의 동쪽으로 옮겨서 공부를 해 보는 것이 좋을 것이다.

책상 위에는 작은 알람시계를 중앙에 놓고 빨간색 연필이나 아니면 볼펜 3자루를 가지런히 놓으면 훨씬 공부가 머릿속에 잘 들어간다. 음악을 평소 좋아한다면 책상 위의 우측에 오디오나 카세트 같은 것을 놓고 머리를 식히면서 공부를 하면 성적이 오르는 것에 도움이 될 수 있을 것이다.

책꽂이는 방의 북쪽에 놓고, 매트는 남쪽에 놓으며, 머리는 동쪽을 향하도록 두고 자는 것이 좋다. 그것은 당연히 동쪽의 기운을 높일 수 있기 때문이다.

5 수능시험 공부는
문창방 방위에서 하라!

풍수에는 「문창방」이라는 방위가 있다.

문창이란 글자 그대로 "글을 창성하게 한다"라는 뜻이고, 또 하나는 「문곡성」이라 하여 자신이 태어날 때부터 갖는 별자리별이 있다. 그 별자리인 문곡성에 앉아 공부를 하면 훨씬 더 공부가 잘 된다고 하는데 이곳이 바로 문곡성 문창방 방위이다.

그러므로 수험생들은 반드시 출입문에서 문창방 방위를 찾아 이 방위에 앉아 공부하면 평소보다 공부가 훨씬 잘 될 것이고 기억력도 좋아질 것이다. 문창방은 개인의 학문을 향상시켜 줄 것이고 나아가 좋은 성적을 올리도록 해준다.

우리는 집에서 보통 부모가 공부방이라고 하여 한 번 정해주면 좋든싫든 책상을 놓고 공부하게 된다. 그러나 이것은 역시 잘못이다. 방위에 따라 앉아 공부를 하면 훨씬 능률적이고 성적이 오를 수 있다.

이것은 비과학적이 아니라 과학적이다. 그 이유는 어디까지나 통계적 근거에서 이룩되었다고 할 수 있기 때문이다.

우리가 흔히 공부를 하다가 졸릴 때가 많다. 이럴 때는 밖에 나가서 한동안 신선한 공기를 마시고 들어와 공부를 하는 이치와 같다.

그러므로 방위에 따라 기가 집중적으로 몸에 와 닿는 것이므로 생기를 일으킬 수 있고 때로는 반대현상을 일으킬 수도 있는 것이다.

그것은 같이 공부를 해도 능률이 오르는 사람과 오르지 않는 사람과 같은 것이다. 그래서 시험을 앞두고 공부하는 사람이라면 반드시 문창방을 찾아서 그 방위에 앉아 공부하도록 해야만 목적을 달성 할 수 있을 것이다.

가상학에서는 자신이 거쳐하는 방을 하나의 소우주로 보고 있다. 그러므로 이 공간 속에서 내가 어느 방향에 앉아서 공부를 해야 생기가 있을 것인가는 당연한 이치라 할 수 있다.

그러므로 반드시 이런 위치에서 공부를 해야 수능시험이나 본고사에도 합격을 할 수가 있을 것이다. 이때 학생의 방 입구 방위에서 방안 어디에 책상을 놓을까도 면밀히 검토를 해야만 할 것이다.

그러므로 이것을 실행하기 위해서는 먼저 출입구 방향이 정확히 어느 방위에 있는가 하는 점부터 알아야 한다. 다음으로는 책상을 놓는 위치인데 두말할 것 없이 문창방 위치에 책상을 정하여 앉아야

만 한다.

즉, 이 방향과 방위대로 정확하게 앉았다면 쉽게 머리에 암기되는 것은 물론 이해가 빨라질 수 있을 것이다. 이러한 문창방의 방위는 공부하는 방위가 「생기·복위·년연」에 따라 앉는다고 하는 것인데 내가 태어난 「생년·월·일」과 비슷하다고 할 수 있다.

이래서 풍수는 개성이 생기는 것이고 개성에 따라 상대성이 되기 때문에 여기에 맞추어 기운이 결정되는 것이다.

출입구에서 문창방 방위는 아래와 같이 결정된다.

입구의 방위	문창방 방위
남서	북
서	서북
북	남
동	서남
동북	서
남	동북
동남	동
서북	동남

계절이 계절인지라 어느새 고3의 수능시험과 각 회사의 승진이나 입사 시험들이 코앞에 다가온 느낌이다.

젊은 고3은 자신의 인생을 가늠하게 되는 대학입학의 관문이며, 인생의 길잡이가 걸려있다고 해도 과언이 아니다. 그래서 지금까지 뒷바라지 해온 학부모들과 자녀들은 더더욱 마음을 가다듬고 최후의 결산을 서둘러야만 할 것이다.

전라도 남원의 명소 광한루 안에 있는 월매집 뒷뜰 정화수 자리에는 수능시험을 치러야하는 학부모들의 기도로 줄을 선다고 한다. 이도령의 장원급제를 빌었다는 이 자리에서 학부모들도 영험을 얻으려고 찾아와 빌고 있기 때문이라고 한다.

또한 대구의 팔공산 갓바위도 다를 것이 없다는 것이다. 부처님께 소원을 빌면 꼭 1가지씩은 이루어 주신다는 소문 때문에 전국에서 몰려들어 기도하는 사람들이 붐비고 있다고 하니 알만할 것이다.

모두 수능시험을 앞둔 자녀를 둔 학부모들이 간장을 졸이는 정성으로 모여든 것이다.

풍수에 있어서도 합격과 승진 그리고 취직의 기쁨을 안겨주는 기운이 있다고 할 수 있다.

우선 집에서 자녀들의 공부방이라는 방부터 기가 모아지도록 배치를 충실하게 해야만 한다.

즉, 다시 말하면 권위와 명예 그리고 출세운을 상승시켜 주는 북서 방위의 영향을 받도록 하는 것이 중요하다. 다음으로는 인연과 신용 그리고 대인관계가 원활해지는 방위인 남동 방위의 에너지를 충분하게 받도록 하는 일이다. 그래서 방안 전체의 배치도를 생각해 볼 때 책상의 위치부터 잘 정해주어야만 한다.

책상 위치는 자신의 인생길이라 할 수 있는 진로의 길이며 이정표가 될 수 있기 때문이다. 그래서 책상의 방위는 수능 합격여부는 물론이거니와 장래 자신이 가질 직업과도 관련이 깊다라고 할 수가 있다.

그뿐 아니라 모든 시험은 채점과 관련이 있다. 채점이란 사람이 하는 것이므로 나에게 이로움을 주는 귀인을 만나야만 한다. 좋은 점수란 나에게 있어서 귀인을 만나야만 후한 점수를 받을 수가 있기 때문이다.

후한 점수를 주는 사람은 내 인생의 진로를 결정지어 주는 사람이 된다. 그러니 귀한 사람이다. 이 때문에 사람의 인연이란 얼마나 귀중한 것인가를 삭여야만 한다. 이를 위해서는 침대머리를 서쪽 방향으로 향하도록 해야만 하며, 침대 옆면은 북서쪽 벽에 접하도록 하는 것이 원칙이다. 이때 자신의 시험운은 증가하게 되어있다. 침대 시트는 하얀 백색보다는 녹색이나 엷은 베이지색을 선택하는 것이 가장 좋다. 북동 방위에는 오디오나 아니면 전파를 탄다고 할 수 있는 TV를 놓으면 좋다.

이때 책상은 남동쪽으로 향하도록 한다. 이렇게 하면 공부하는 것이 속속 머리에 잘 들어간다. 탁상 위에는 시계나 아니면 가고싶은 대학의 안내책자나 수험요령이 기재된 일정표 같은 것을 올려놓도록 한다. 이것은 쉽게 눈에 띄게 올려놓도록 하므로써 자신의 심리상태가 방위 사이클과 합해져서 오로지 합격에만 정진하게 된다.

이렇게 하면 행운을 맞을 기회가 훨씬 많아질 수 있다.

　다음은 화장대나 장식장, 그리고 낮은 책장을 서쪽에 두고 그 위
에는 밝고도 명랑한 느낌이 드는 취미용품이나 생활용품 그리고 붉
은꽃의 화병 등을 올려놓으면 좋다고 할 수 있다.

　그리고 옷장이나 수납장 같은 것은 남쪽 방향에 놓도록 해야 한
다. 이렇게 방향을 잡아놓으면 시험의 행운이 본인 주변을 꽉 에워
싸기 때문에 수능시험은 물론 승진시험, 취업시험도 무난히 통과할
것이다.

　수능시험을 앞둔 학부모는 영험있는 불당이나 아니면 월매가 기원
했다는 정화수 자리에 찾아가 기원을 빌어보는 것도 중요하겠으나
자녀의 합격을 위해서는 풍수적으로 가장 합당한 인테리어를 실현시
켜 주는 것도 무엇보다 중요하다고 할 수 있을 것이다.

황종찬 박사의

생활풍수

7
합격결과를 앞두고 우울증이
생겼다면 집안 내부를 살펴라

수능을 끝낸 학생들이 특차선발을 앞두고 고심에 차있다.

눈치보기 작전을 해야만 했기 때문이다. 치열한 경쟁에 불안을 느끼는 심리가 주원인이다. 밥맛을 잃고 잠마저 잘 수 없다는 호소를 하는 학생들이 늘고 있다.

결국 우울증이 되어 정신과 병원을 찾는 이가 많아졌는데, 이것은 특차선발시험에서 뿐만 아니라, 논술고사나 면접 시험이 있기전에 이런 홍역을 앓게될 젊은이들이 적지 않을 것이다.

사람은 불안하고 초조해 지면 자연 이런 증세가 생기기 마련이다. 예를 들면, 시험장이나 발표를 앞두고 갑자기 화장실에 가고 싶다는 생각을 경험한 사람은 적지 않을 것이다.

이것을 불안 심리가 계속적으로 발전하면 자연 우울증에 사로잡히고 마는 것이다. 풍수에 있어서는 인체 부위에 따라 방위가 정해져 있다. 이것을 정리해 보면,

▶북쪽—신장, 음부, 귀   ▶북동쪽—다리, 허리
▶동쪽—간장, 인후   ▶남동쪽—쓸개
▶남쪽—심장, 방광, 뇌(머리)   ▶남서쪽—위, 복부
▶서쪽—폐장, 치아, 구내   ▶북서쪽—척추, 머리, 대장
▶중앙—비장

만약 집의 해당 방위가 오염(汚染)되었다면 여기에 해당되는 질환이 생겨나기 마련이다. 이렇게 인체에 있어서 건강여부를 보는 원리는 모든 자연의 섭리를 가지고 있는 음양오행에 기초하고 있다.

그뿐만 아니라 방위별 길흉 결함여부에 따라서 건강과 더불어 합격여부가 결정이 된다. 그 중에서도 우리는 일상생활에서 6시간~8시간 집에서 머물고 공부하고 또 잠을 자기 때문이다.

이때 신체가 외부의 환경조건에 따라서 공간의 공기는 인체에 와 닿아 기의 현상을 이루게 된다. 또한 낮에는 주택의 환경조건에서 햇볕을 받아들이는 일조량과 실내 공기의 순환에 따라서 생기는 환경이 질병을 가져오게 되는 것이다.

사상학적으로 양택 3요소에 따라 현관, 주방, 침실의 영향을 받는다. 이것 말고는 욕실과 화장실이 대부분 집안에 있으므로 여기서 생기는 습기와 나쁜 냄새가 치명적 환경을 만들게 된다.

이런 상황을 보면 풍수는 역학이 아니라 어디까지나 환경학이라는 사실이 입증되었다. 건강은 역시 환경의 영향을 부인할 수 없기 때

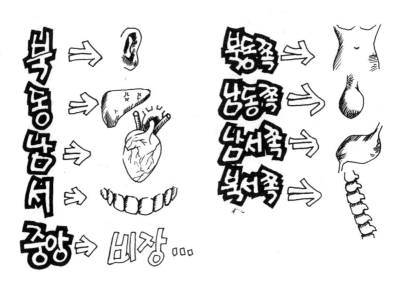

문이다. 지금까지 멀쩡하게 건강하던 몸이 수능이나 시험을 치르면서 부터 잠이 오지 않고 밥맛을 잃는 일이며 또다른 증세가 생겨나는 것은 자신 내부의 신체적 조건도 무시할 수만은 없으나 이런 것은 모두 외부적인 가정의 환경 때문이라 할 수 있다.

이때는 집안의 구조와 방위같은 환경을 꼼꼼이 살펴볼 필요가 있다. 이런 생각이 발생했을 때는 정신과나 병원을 찾는 것도 중요하기는 하지만 이런 구조적 결함을 해결한 뒤에 찾는 것이 순서라 할 수 있다.

지나친 습도나 음기가 있거나 햇볕이 지나치게 강하게 쬐이면 좋지 않다. 방안의 온도 역시 고려되어야 음양의 기를 조절할 수 있다.

그리고 방안의 색상과 모든 인테리어에 각별히 신경을 써야만 한다. 이것을 위해 창문을 통해 강한 햇볕이 들어온다고 느끼면 차단막을 해서 강약을 조절해 줘야만 한다.

화장실 통풍, 욕실 습기 등을 면밀히 관찰하고 흉상을 개조시켜야만 한다. 대학의 합격여부와 시험결과가 끝난후 이런 증세가 혹시 나타난다면 가상학적 환경을 면밀하게 살필 필요가 있을 것이다.

환경이 병을 만든다고 하는 말은 만고의 진리라고 할 수 있다.

판권
본사
소유

행운을 갖고 오는 生活風水

2019년 1월 20일 인쇄
2019년 1월 30일 발행

엮은이 | 황   종   찬
펴낸이 | 최   원   준

펴낸곳 | 태 을 출 판 사
서울특별시 중구 다산로38길 59(동아빌딩내)
등 록 | 1973. 1. 10(제1-10호)

ⓒ2009, TAE-EUL publishing Co.,printed in Korea
※잘못된 책은 구입하신 곳에서 교환해 드립니다.

■ 주문 및 연락처
우편번호 0 4 5 8 4
서울특별시 중구 다산로38길 59 (동아빌딩내)
전화 : (02)2237-5577 팩스 : (02)2233-6166

ISBN 978-89-493-0555-4   13170